Receitas para PEGAR Mulher

Guga Rocha

Receitas para PEGAR Mulher

Matrix

© 2013 – Guga Rocha
Direitos em língua portuguesa para o Brasil:
Matrix Editora - Tel: (11) 3868-2863
www.matrixeditora.com.br

Diretor editorial
Paulo Tadeu

Projeto gráfico, capa e diagramação
Daniela Vasques

Revisão
Adriana Wrege

Dados Internacionais de Catalogação na Publicação (CIP)
SINDICATO NACIONAL DOS EDITORES DE LIVROS, RJ

Rocha, Gustavo
    Receitas para pegar mulher / Gustavo Rocha. - 1. ed. - São Paulo : Matrix, 2013.

    1. Culinária - Receitas. I. Título.
13-02970
                                    CDD: 641.5
                                    CDU: 641.5

Gostaria de agradecer a todos os meus amigos, ex-amores e à minha amada família. Em especial às mulheres da minha vida, por tudo que me ensinaram: Edla, minha avó, que me ensinou a cozinhar; Maria Delourdes, minha avó, que me ensinou a amar a natureza; Rosa, minha mãe, que me ensinou a ser um homem de bem; Cláudia, minha irmã, que foi minha segunda mãe; e Elise, que me ensina a viver feliz todos os dias!

Agradeço também a Helena Perim, pela parceria no livro e pela visão única das coisas simples da vida; a Henrique Peron, pelas fotos geniais de sempre, e a todas as pessoas que me ajudaram de forma direta ou indireta a conseguir chegar a esta obra simples e dedicada totalmente a fazer as mulheres mais felizes.

In memorian
Fernando Figueiredo Ramalho de Azevedo
Pai, gourmet e mestre

Meu caro amigo leitor, agora você já tem ótimas receitas para ajudá-lo a conquistar ou reconquistar sua deusa, cozinhando para ela pratos simples e que impressionam. Trabalhei e me dediquei para ajudá-lo a criar o clima certo baseado no perfil dela. Agora você só precisa acrescentar o seu charme para dar tudo certo, mas sem viajar na maionese nem pirar na batata.

Não tenha medo, as receitas têm aquele toque do Guga: são fáceis, deliciosas, levam poucos ingredientes e sujam poucas panelas (moleza, né?). Além disso, estão divididas em pequenos menus harmonizados.

Ainda assim, vou lhe dar um conselho: faça um *test drive* antes. Sabe como é, nenhum time de futebol ganha sem treino. Chame um amigo de confiança e faça-o provar o seu menu. Se deu tudo certo, pronto, você já pode convidar a donzela para o tão sonhado jantarzinho íntimo.

Como nessa hora você vai estar um pouco tenso, deixe todos os ingredientes já organizados, limpos e picados.

Conquistar o estômago já é meio caminho andado pra chegar ao coração. Palavra de chef.

Conquistar é como temperar comida: tem de ser aos poucos e com vários ingredientes, porque se você fizer uma comida saborosa, mas sem substância, ela vai se deliciar, mas dali a pouco vai sentir fome. E se você fizer uma comida com substância, mas sem tempero, ela vai comer, mas não vai achar a menor graça.

Um clima legal, o som perfeito e saber quem ela é para atender aos seus desejos. Essa é a receita completa.

Receitas para pegar mulher não é um simples guia para levar alguém pra cama, é bem mais que isso. É um livro de amor.

No entanto, na pior das hipóteses, se você não conseguiu conquistar a sua amada, pense pelo lado positivo: finalmente você aprendeu a cozinhar.

Adeus, macarrão instantâneo!

As receitas têm medidas convencionais, como colheres de sopa, de chá e xícaras. Procurei utilizar produtos mais em conta e fáceis de achar em toda feira boa. E as quantidades são sempre para duas pessoas, com uma ou outra exceção.

Guga Rocha

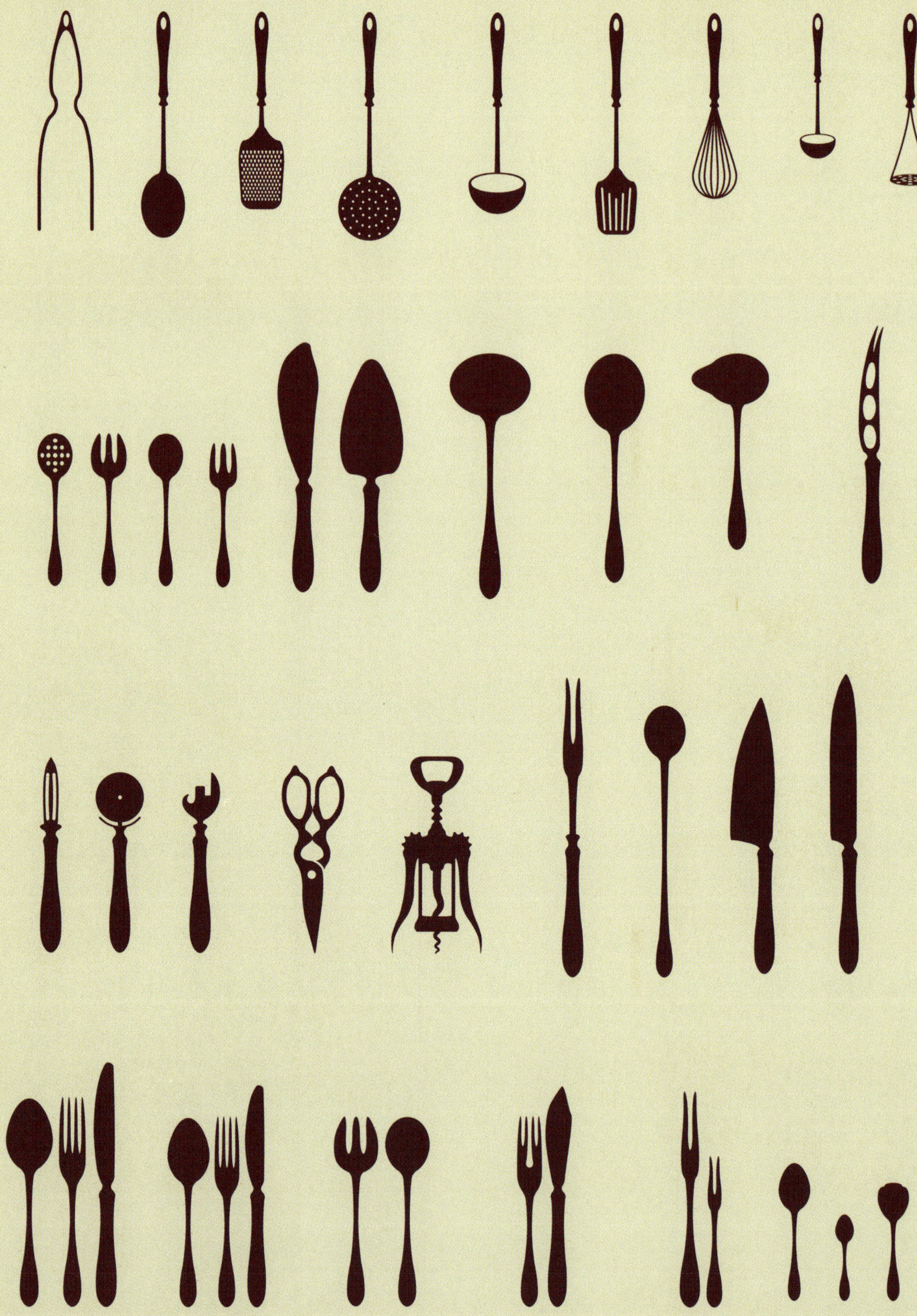

Receitas para pegar mulher

Amélia

"Amélia é que era mulher de verdade"...

Quem não conhece essa famosa música de Ataulfo Alves e Mário Lago?

Mas os tempos mudaram, meus caros amigos. Hoje a mulher divide com o homem um lugar importante na sociedade, mas, como eu não sou o Bono Vox pra ficar discutindo a estrutura da sociedade mundial, vamos ao que interessa.

Como fazer essa mulher, a Amélia, ter uma noite inesquecível?

Vamos partir do princípio de que ela geralmente cozinha, lava, passa e limpa.

Caberá a você, caro leitor, mudar essa perspectiva e oferecer um jantar no qual ela será apenas a convidada. Ela não vai pôr a mão na massa, muito menos lavar a louça depois.

Você, que sempre foi servido, agora vai servir. E isso é muito bom – não é, como dizem os fracos, coisinha de mulher. Cozinhar é demonstrar amor, carinho e dedicação.

Está certo que a maioria dos homens neste mundo sonha com uma mulher que tenha lá o seu lado Amélia bem resolvido.

Hoje em dia, com essa história de mulher independente, mulher executiva, mulher autossuficiente, está difícil de encontrar um exemplar do sexo feminino que curta fazer, com carinho, os serviços domésticos.

Mulher de cama, mesa e banho é espécie em extinção. Saber cozinhar, algumas sabem, mas é mais fácil você encontrar uma mulher que sabe a cotação do dólar e não sabe a diferença entre coentro e salsinha.

Se você é um homem de sorte, que conheceu uma Amélia feliz, ou seja, uma mulher com M maiúsculo, que adora cuidar do maridinho, do namorado ou do parceiro, não a deixe escapar.

Você tem que conquistar essa mulher de qualquer jeito, e, para isso, nada melhor do que mostrar seus dotes domésticos também.

Mostre pra ela que você é o par perfeito. Praticamente um Amélio, um homem de verdade. De cama, mesa e banho – mas com mais tendência mesmo para a cama.

Menu para a Amélia

Casquinha de siri diferente
Casquinha de siri servida no prato bem temperadinha

Robalo mediterrâneo
Robalo leve servido com legumes e molho de iogurte

Mil-folhas da paixão
Massa folhada com amoras e doce de leite

Harmonização
Champanhe brut ou um bom espumante nacional

Casquinha de siri diferente

Ingredientes

200 g de carne de siri
1 dente de alho (picado bem fino)
1 cebola pequena (picada bem fina)
1 tomate
1 colher (de sopa) de manteiga
2 colheres (de sopa) de leite de coco
2 colheres (de sopa) de creme de leite fresco

1 colher (de sopa) de salsinha
2 colheres (de sopa) de queijo parmesão
1 colher (de sopa) de castanha de caju
1 colher (de chá) de pimenta-de-cheiro
Azeite de oliva extravirgem a gosto
Torradas
Sal a gosto

Modo de preparo

Numa frigideira, esquente a manteiga e doure a cebola e depois o alho.

Adicione o tomate em cubinhos, a pimenta e a carne de siri e refogue bem.

Junte o creme de leite e o leite de coco e acerte o sal.

Cozinhe até que comece a secar.

Sirva num prato fundo salpicado com queijo parmesão, salsinha, castanhas e pimenta-de-cheiro.

Regue com bastante azeite de oliva e sirva acompanhada de torradas.

Robalo mediterrâneo

Ingredientes

2 filés de robalo (aprox. 200 g cada)
2 colheres (de sopa) de mel
1 colher (de sopa) de cebola roxa picada
2 dentes de alho picados
2 azeitonas pretas picadas
2 colheres (de sopa) de tomate picado
2 colheres de azeite de oliva
8 aspargos frescos
1 limão-siciliano
Folhas de manjericão a gosto
Sal e pimenta-do-reino a gosto

Molho
1 colher (de sopa) de salsinha
1 colher (de sopa) de hortelã
1 colher (de sopa) de água
1 xícara de iogurte
1 colher (de chá) de zest (casca de limão ralada)
Sal e pimenta-do-reino a gosto

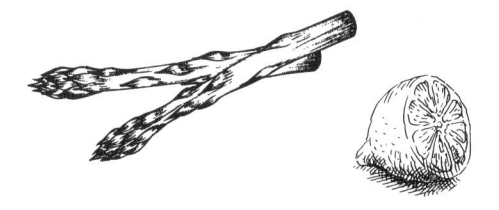

Modo de preparo

Esfregue o mel nos filés de robalo e tempere com sal e pimenta-do-reino.

Em duas folhas de papel-alumínio, faça uma camada com os aspargos, cebola, alho, tomate, azeitona e disponha os filés de robalo.

Regue com o sumo de limão e feche como envelopes o papel-alumínio.

Ponha os dois embrulhos em uma assadeira e leve ao forno médio (180 °C) durante 18 minutos.

Molho de iogurte

Misture os ingredientes e sirva sobre os legumes.

Mil-folhas da paixão

Ingredientes

150 g de massa folhada
200 g de doce de leite
50 g de amoras frescas
1 colher (de sopa) de castanhas de caju picadas
Hortelã a gosto
Açúcar de confeiteiro a gosto

Modo de preparo

Descongele a massa na geladeira e abra-a com um rolo de macarrão para que fique fina.

Corte-a em pedaços de 15 x 15 cm, fure com um garfo e leve para assar a 180 °C, até dourar.

Misture o doce de leite com as castanhas.

Vá montando alternadamente uma camada de massa, uma camada de doce e uma camada de amoras frescas.

Polvilhe com açúcar de confeiteiro e decore com folhinhas de hortelã.

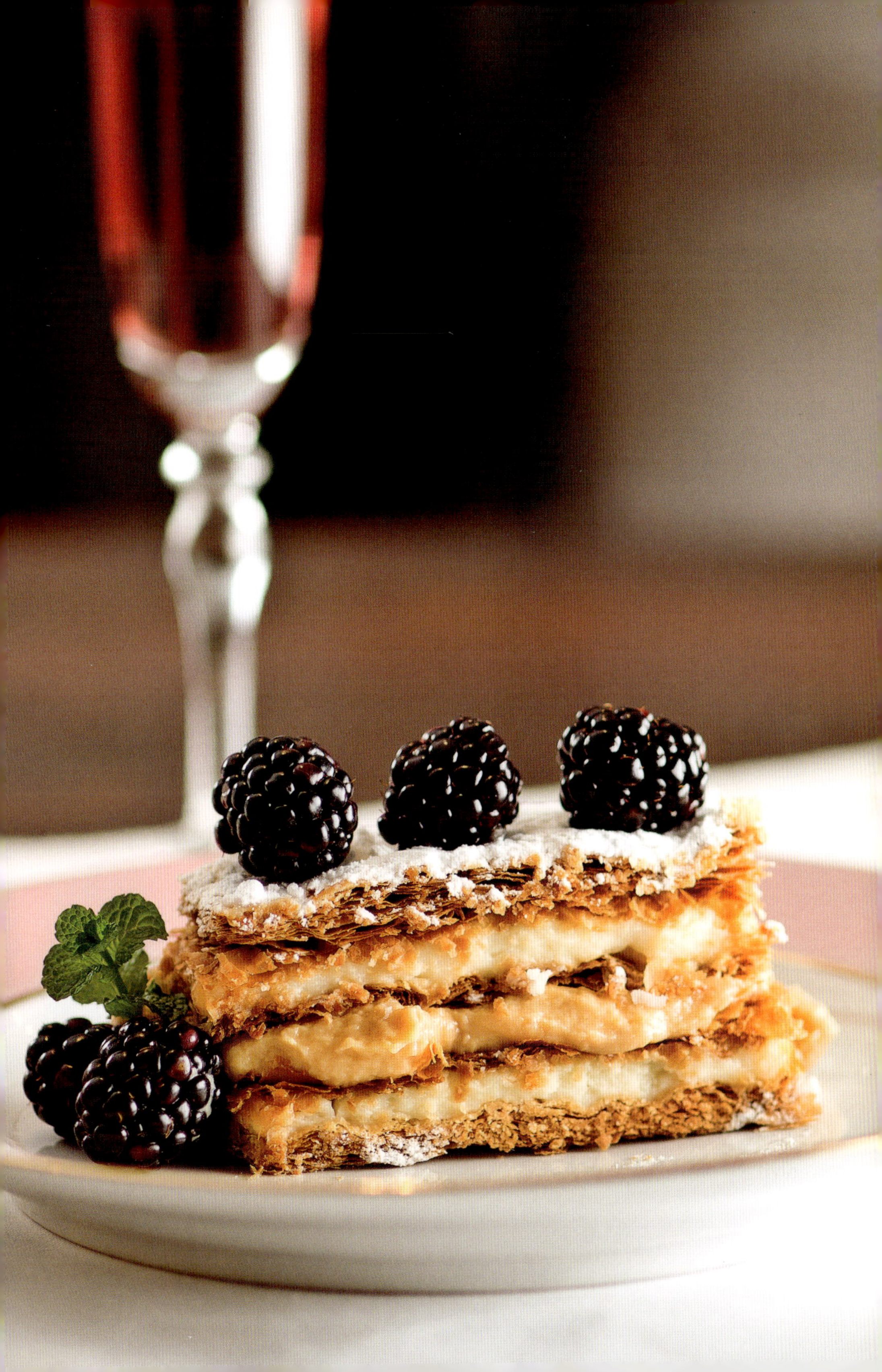

Amy Wine in the house

Hoje em dia o que mais se encontra por aí é a mulher Amy. Não foi à toa que a original fez tanto sucesso.

Sabe aquela mulher que diz que só bebe socialmente, mas a criatura tem um evento todas as noites? A Amy é assim.

Meu amigo se apaixonou por uma. A moça era chegada numa pinguinha. Ele, que só tinha namorado moçoilas que bebiam no máximo uma taça de vinho branco, se encontrou numa situação bem delicada.

Para não passar por um sujeito careta pelo fato de não conseguir acompanhar a Amy no jogo de arremesso de copo, resolveu fazer um jantar na casa dele. Pelo menos, se passasse mal, já estaria em casa e seria só correr pro banheiro.

Foi então que ele me pediu uma ajuda. O que servir nesse jantar?

E estas foram as minhas dicas.

Desista da ideia de que uma garrafinha de vinho vai dar, porque bem no fundo da sua alma você sabe que não vai. Ter que sair no meio do jantar pra comprar bebida já queima o seu filme logo na largada.

A mulher Amy não é flex, ela só anda com álcool. Esqueça o refrigerante *diet* ou aquelas bebidinhas à base de chá verde, branco ou vermelho com frutas silvestres e água com gás. Ela não engole.

Ofereça a ela uma boa vodca, um *negrone* ou um uísque *cowboy* e você vai ver seus olhos brilharem e o amor verdadeiro surgir na sua frente.

Um bom conselho que serve para todos é esconder aquele uísque 38 anos que você ganhou do seu amigo rico ou aquele vinho que o seu tio lhe deu na formatura, está envelhecendo no bar e custa dez prestações do seu apartamento. Deixe à vista a Absolut que se encontra em qualquer *free shop*, o uísque 8 anos da adega do bairro ou um engradado de cerveja no *freezer*. Isso resolve.

E se no meio do jantar seu apartamento começar a rodar, comece a intercalar "a canjebrina" com outras opções não alcoólicas.

Para evitar algum constrangimento, tenha em mãos aquele remedinho mágico para ressaca, garrafinhas de água e muito senso de humor.

A minha dica para encher o estômago da Amy, já que ela vai beber a noite toda, são os *tapas*, que vocês vão comendo aos poucos.

Menu para a Amy

Guacamole do Guga
Tradicional receita mexicana com um toque de manga

Kebabs com chutney de pêssego rápido
Espetinhos de carne e cogumelos com
um molho de pêssego delicioso

Batatinha Rehab
Batatinha de forno com bacon, requeijão e mel com chili

Musse de caipirinha
Cana pouca é bobagem

Harmonização
Bourbon

Guacamole do Guga

Ingredientes

3 abacates*
1/2 manga cortada em cubinhos
1 tomate em cubinhos
1/2 cebola picada bem fininha
1 pimenta jalapeño** (cortada em fatias finas)
1 colher (de sopa) de coentro picado***
Sumo de 1/2 limão
Sal a gosto

*Procure avocado, um tipo de abacate mexicano, pequeno e com menos água que o nosso abacate. Se não achar, use o nosso mesmo.

**Cuidado com a pimenta: é muito gostosa, mas é bom perguntar se ela curte.

***Coentro é "ame ou odeie", então, pergunte também.

Modo de preparo

Corte os abacates ao meio e retire o caroço.

Esmague metade da polpa grosseiramente com um garfo e corte a outra metade em cubos.

Coloque a polpa em um bowl e regue com sumo de limão.

Junte a manga ao abacate, assim como o resto dos ingredientes, e misture bem.

Acerte o sal e sirva com *nachos* de milho (sim, pode ser aquele de saquinho, mas o de sabor natural).

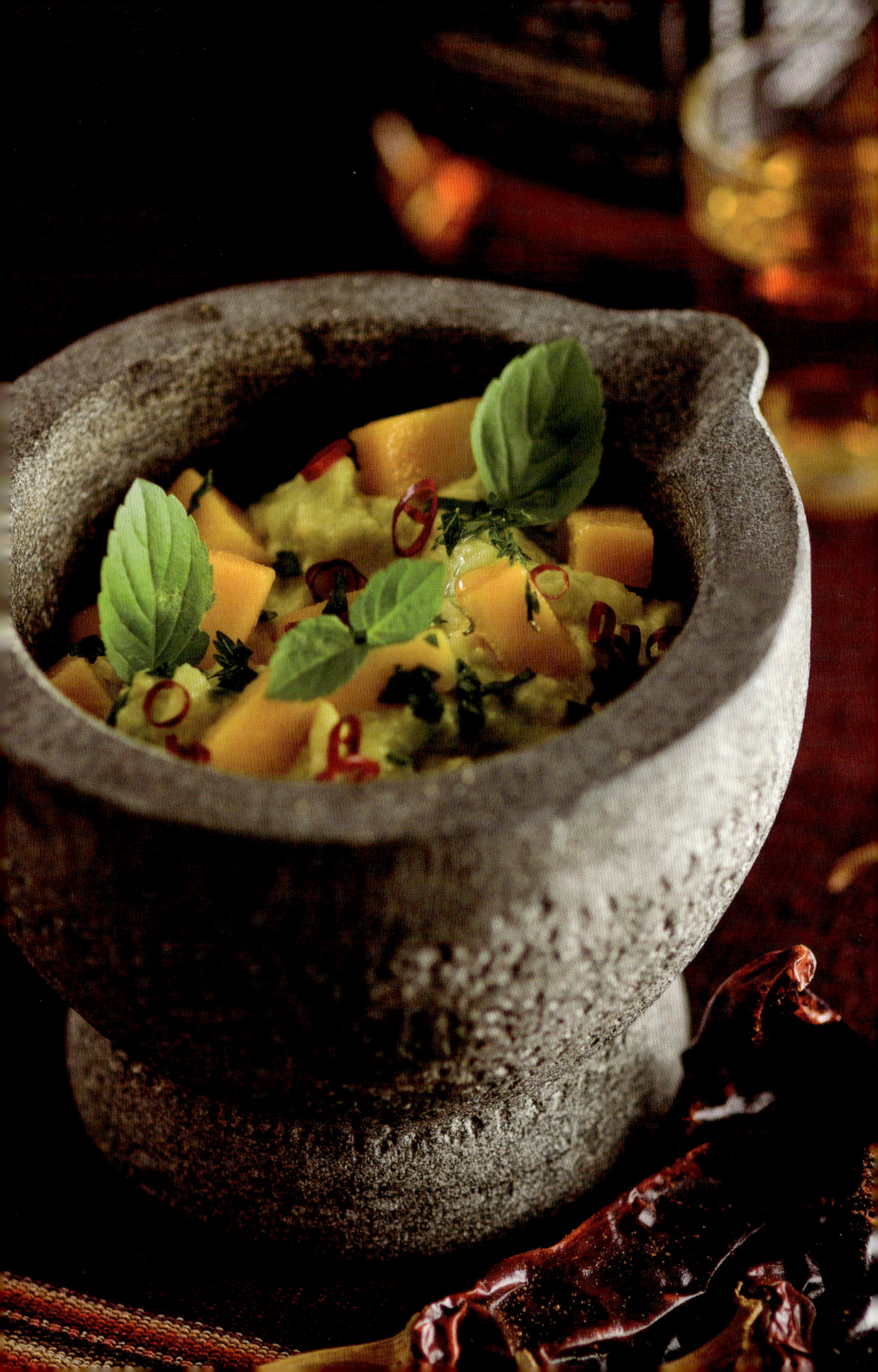

Kebabs com chutney de pêssego rápido

Ingredientes

120 g de alcatra
1/2 cebola picada miudinho
4 champignons frescos
Palitos para churrasco

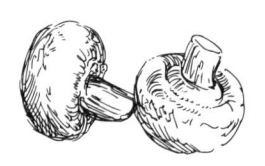

Marinada
1 colher (de sopa) de extrato de tomate
1 colher (de sopa) de molho inglês
1 dente de alho picadinho
1 colher (de chá) de molho de pimenta
2 colheres de azeite de oliva
1 colher (de chá) de mel
1 colher (de chá) de hortelã picada

Modo de preparo

Misture bem os ingredientes da marinada em um bowl e junte a carne.

Cubra com filme plástico e deixe na geladeira por 30 minutos.

Faça espetinhos colocando alternadamente carne, cogumelo e cebola.

Leve a uma chapa ou frigideira de fundo grosso em fogo alto até ficarem dourados. Vá regando com a marinada até que fiquem bem cozidos.

Sirva imediatamente.

Chutney

1 lata de pêssego em calda

1 pimenta dedo-de-moça picada (sem sementes)

1 colher (de sopa) de vinagre de maçã

1 colher (de chá) de salsinha picada

Sal e pimenta-do-reino branca

Chutney de pêssego fácil

Misture tudo.

Leve à geladeira e deixe pegar sabor por 1 hora.

Batatinha Rehab

Ingredientes

4 unidades de batata bolinha
4 fatias de bacon
4 raminhos de alecrim
Azeite de oliva
Pimenta-do-reino
Sal

Modo de preparo

Cozinhe as batatas em água com um pouco de sal grosso até que fiquem cozidas, porém firmes.

Enrole a batata com o bacon e prenda com um ramo de alecrim (molhe o alecrim antes de levar ao forno).

Regue com azeite, tempere com sal e pimenta e leve ao forno numa assadeira até que o bacon fique dourado.

Musse de caipirinha

Ingredientes

1 envelope de gelatina em pó sem sabor
3 colheres (de sopa) de sumo de limão
1 lata de leite condensado
1 lata de creme de leite
1 dose de cachaça branca
Raspas de casca de limão para decorar

Modo de preparo

Misture a gelatina com o suco de limão e dissolva em banho-maria (ou no micro-ondas).

Retire do fogo e bata no liquidificador com os demais ingredientes até ficar homogêneo.

Coloque a musse em taças individuais, polvilhe com raspas de casca de limão e leve à geladeira por 5 horas.

Artista

Para pegar uma artista você vai ter de transformar sua casa em galeria de arte. Minha sugestão é entrar nesses sites de decoração criativa e caprichar no visual como um todo.

Artista adora essa coisa de conceitual, então, pegue o escorredor de macarrão e transforme-o em luminária. Escreva um poema no guardanapo. Troque os pratos por folha de bananeira. Compre uns peixinhos na feira e monte um aquário no centro da mesa em lugar dos conhecidos arranjos de flores. Enfim, mostre a sua criatividade. Antes, durante e depois do jantar, porque mulher artista adora pular do lustre, conhece tudo de *Kama Sutra* e ama uns brinquedinhos.

Depois de transformar sua casa em uma instalação da Bienal, você tem de pensar no que servir para essa mulher. O sabor nem precisa ser dos melhores, o importante aqui é o visual. A mulher artista come mais com os olhos que com a boca.

"Bora" fazer escultura de arroz, drinque pegando fogo e salada que brilha.

Performance – essa é a palavra para pegar uma artista.

E não se esqueça de pegar emprestados uns livros de arte para colocar na sua mesinha de cabeceira no quarto. Coisas do tipo A Biografia de um Picasso, A História da Arte Barroca no Egito Antigo, Museu Pompidou de cabo a rabo, Quando a Mona Lisa chorou, e por aí vai... Isso impressiona que é uma beleza!

O menu vai ajudar a puxar assunto e a escolher boa música: vamos com filme bom, escritor melhor ainda e cantor fenomenal.

Menu para a artista

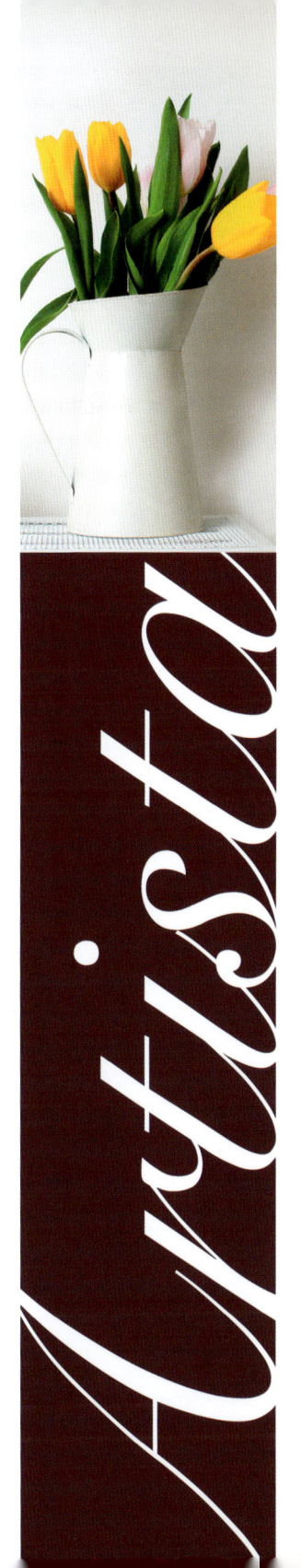

Tomates verdes fritos
Prato emblemático do cinema

Ajiaco
Prato favorito de Ernest Hemingway em Cuba

Cheesecake de mel
Um dos pratos favoritos de Frank Sinatra

Harmonização
Pinot noir

Tomates verdes fritos

Ingredientes

1/2 xícara de fubá de milho

2 ovos

1/3 de xícara de óleo de milho

3 colheres (de sopa) de queijo parmesão ralado

1/2 colher (de chá) de pimenta-do-reino

1/2 colher (de chá) de sal

4 tomates verdes médios, cortados em rodelas de 0,5 cm de espessura

3 fatias de bacon magro

Modo de preparo

Numa frigideira, frite o bacon até ficar crocante.

Escorra em papel-toalha, espere esfriar e quebre em pedacinhos.

Em um bowl grande, misture bem o fubá, o queijo parmesão, o sal e a pimenta. Em outro bowl, bata os ovos e reserve.

Na mesma frigideira em que fritou o bacon, adicione o óleo e aqueça-o em fogo médio.

Passe as rodelas de tomate nos ovos batidos e em seguida na mistura de fubá, pressionando bem. Frite até ficarem douradas.

Retire e seque em papel-toalha.

Sirva com os pedacinhos de bacon.

Ajiaco

Ingredientes

1 colher (de sopa) de alcaparras
1 xícara de creme de leite fresco (ou nata)
300 g de carne (coxão mole, patinho) cortada em cubos
2 coxas de frango
1 espiga de milho cortada ao meio
1 batata cortada em fatias grossas
1/2 cebola
1 abacate cortado em fatias finas

1 folha de louro
1 pitada de cominho
1 colher (de chá) de tomilho fresco
1 colher (de sopa) de óleo de milho
Sal e pimenta-do-reino

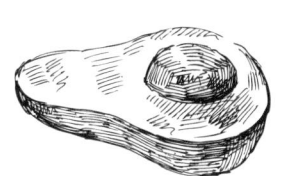

Modo de preparo

Aqueça o óleo em uma panela, coloque o frango e a carne e frite até dourar.

Cubra com água e junte a cebola, o louro, o cominho, o tomilho, o sal e a pimenta.

Cozinhe até que as carnes fiquem macias.

Coloque os pedaços de frango em um prato, tire as peles, desosse e devolva-os à panela.

Cozinhe a batata e o milho separadamente, até que fiquem macios.

Sirva guarnecido com creme de leite, alcaparras e abacate.

Cheesecake de mel

Ingredientes

Massa
1 pacote de biscoito de aveia e mel
100 g de manteiga em temperatura ambiente

Recheio
450g de cream cheese
1 colher (de chá) de essência de baunilha
2 colheres (de sopa) de suco de limão
2 colheres (de sopa) de mel
3 ovos

Modo de preparo

Massa

Bata o biscoito no processador (ou no liquidificador ou na mão, no melhor estilo Rufus, o lenhador) até obter uma farofa fina.

Misture a manteiga com o biscoito até obter uma massa homogênea.

Forre o fundo e as laterais de uma fôrma de aro removível (se não tiver uma, use um refratário e não desenforme) com a massa e leve à geladeira.

Recheio

Leve à batedeira todos os ingredientes.

Despeje esse creme sobre a massa de torta e leve ao forno preaquecido em temperatura média. O cozimento leva cerca de 40 minutos. Retire do forno, deixe esfriar e leve à geladeira.

Jogue um pouco de mel por cima para ficar com uma apresentação "My way".

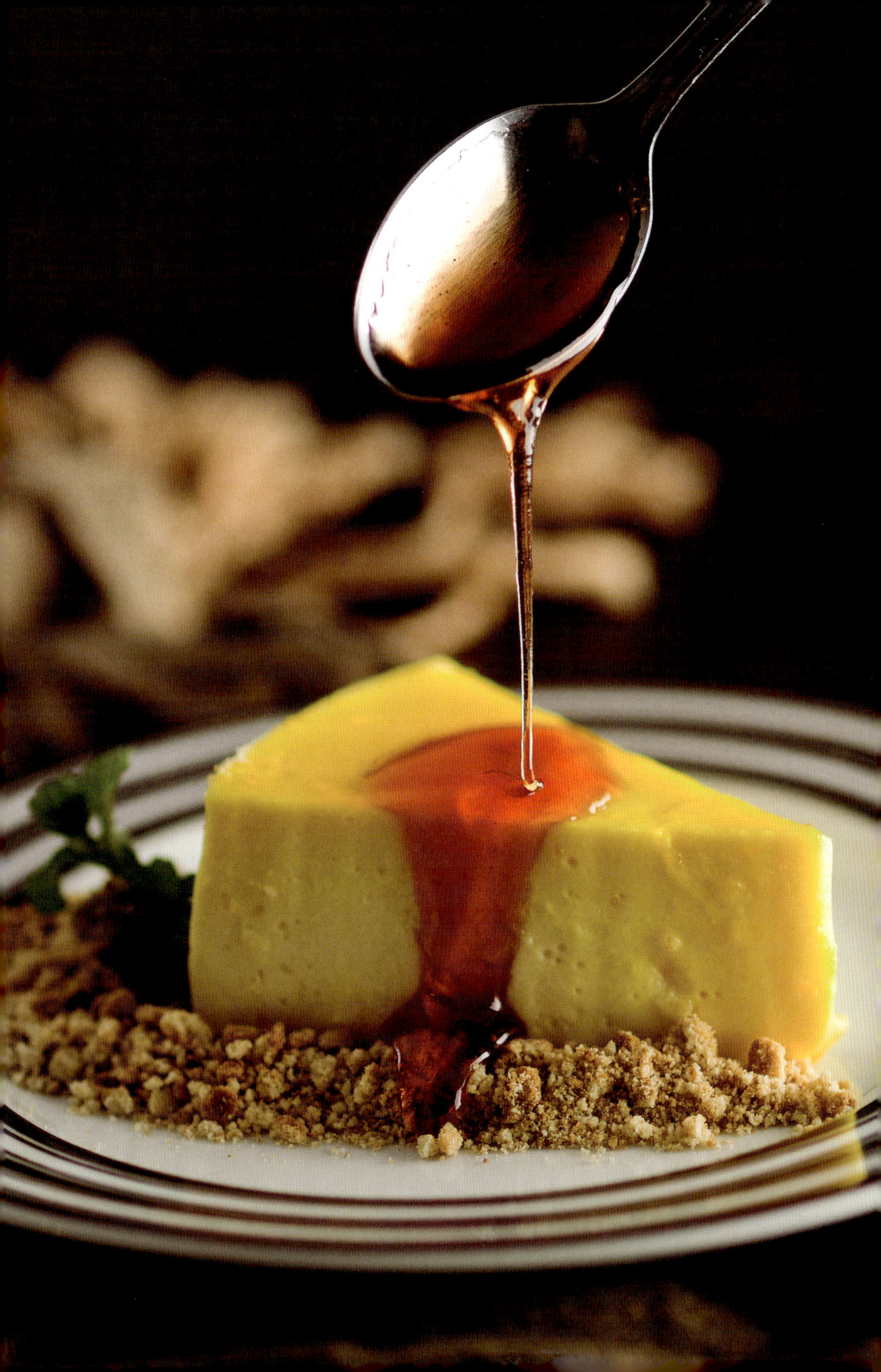

Bicho-Grilo

Sabe aquela garota que conversa com planta, assovia pra passarinho e não mata pernilongo para não prejudicar a cadeia alimentar?

Essa é a clássica mulher bicho-grilo.

Ela não ocupa uma faixa etária específica – tem bicho-grilo de 16 e de 60 anos. Visualmente, é muito fácil de reconhecer, porque parece que ela voltou de Woodstock a pé e ainda usa aqueles vestidos indianos, calça saruel e sandália de couro. Havaianas, nem pensar! Em seu mundo não entra nada feito em série. Tudo é artesanal, principalmente as pulseirinhas que ela produz e tenta vender por aí.

O cabelo é sempre meio desgrenhado e, se usa tintura, com certeza é de hena.

Ela curte Janis Joplin e ama Bob Marley, por motivos óbvios.

Seu estilo de vida é meio parecido com o da mulher vegetariana, com a diferença de que a bicho-grilo come carne, o que já alivia na hora de montar o cardápio.

Como ela curte natureza e acha o mundo lúdico, evite servir qualquer coisa que soe meio esnobe e muito menos qualquer bicho que venha inteiro à mesa, como um leitão à pururuca ou uma codorna decapitada. Sua bicho-grilo vai chorar e fazer você rezar uma ave-maria pela alma do bichinho.

Se você não tem ideia do que seja um grão germinado, aqui vai uma breve explicação para você impressionar a garota: **grãos germinados** são considerados alimentos **bioativos,** que ativam a vida. São os únicos alimentos que chegam ao prato com o seu potencial vital inalterado, proporcionando uma alimentação rica e completa.

Finalmente, se a sua bicho-grilo não bebe nada industrializado e álcool, para ela, não serve nem para limpar vidro, invente um suco à base de hortaliças, frutas e sementes e dê a ele um nome exótico, do tipo "Suco de Luz do Sol". Ela vai amar: você e o suco.

Menu para a bicho-grilo

Salada viva
Salada de grãos germinados top

Tilápia zen com purê de banana frita
Peixinho sempre vai bem e esse purê é covardia

Doce de abóbora com coco
O tradicional doce brasileiro

Harmonização
Suco de tangerina orgânica com água de coco

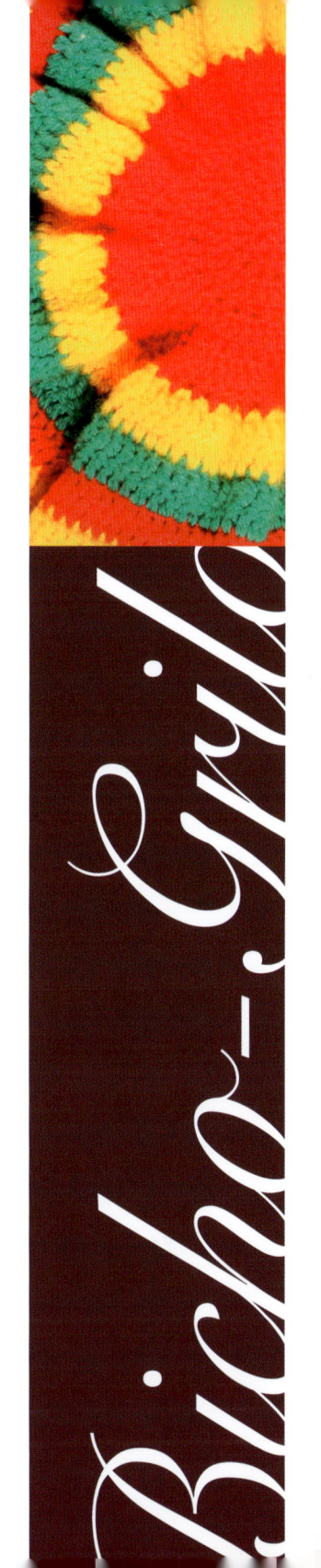

Salada viva

Ingredientes

2 xícaras de grãos germinados
(lentilhas, grão-de-bico, gergelim)
4 tomates-cereja
1 xícara de nozes picadas
1 xícara de queijo fresco

Molho

1/2 xícara de azeite extravirgem
1 maço de hortelã picado
1/4 de xícara de suco de limão
1/2 colher (de sopa) de sal marinho
2 colheres (de chá) de açúcar mascavo

Modo de preparo

Monte a salada de um jeito bem bonito.

Misture os ingredientes do molho e regue a salada com ele.

Grãos germinados

Caso você não ache grãos germinados em sua cidade, eles são simples de fazer.

Lave bem os grãos em água filtrada.

Repita o processo cinco vezes, trocando a água.

Cubra os grãos com água e deixe de molho por 8 horas.

Repita o processo de lavagem por cinco vezes, trocando a água.

Escorra bem e deixe durante a noite que os grãos germinarão.

Quando já estiverem germinados, lave mais uma vez e escorra bem a água.

Tilápia zen com purê de banana frita

Ingredientes

2 filés de tilápia (peixe de criação politicamente correto)
1 limão
1 colher de óleo de coco
Ervas frescas para decorar
Sal e pimenta (a gosto)

Purê de banana frita
2 bananas-da-terra (maduras)
1 colher (de chá) de manteiga
1 colher (de sopa) de cebola picada fina
1/2 xícara de água
Sal e pimenta (a gosto)

Modo de preparo

Tempere os filés de tilápia com sal, pimenta e limão (leve à geladeira para que pegue sabor por 1 hora).

Aqueça o óleo de coco numa frigideira e doure os filés de tilápia.

Purê de banana frita

Descasque e pique em rodelas as bananas-da-terra.

Refogue a cebola na manteiga, acrescente a banana cortada e cozinhe em fogo médio, acrescentando a água aos poucos.

Tempere com o sal.

Bata a banana cozida no liquidificador até obter um purê homogêneo.

Monte o prato e decore com ervas frescas e azeite extravirgem.

Doce de abóbora com coco

Ingredientes

1 kg de abóbora-moranga

750 g de açúcar

1 coco ralado (ou um pacote de 50 g de coco ralado)

8 cravos-da-índia

5 paus de canela

Modo de preparo

Descasque a abóbora e passe-a no ralador grosso.

Junte o açúcar, o cravo, a canela e cozinhe em fogo bem baixo.

A seguir, misture o coco e deixe cozinhar por, pelo menos, mais cinco minutos.

Deixe esfriar e sirva. (Pode servir com uma bola de sorvete orgânico de tapioca ou baunilha.)

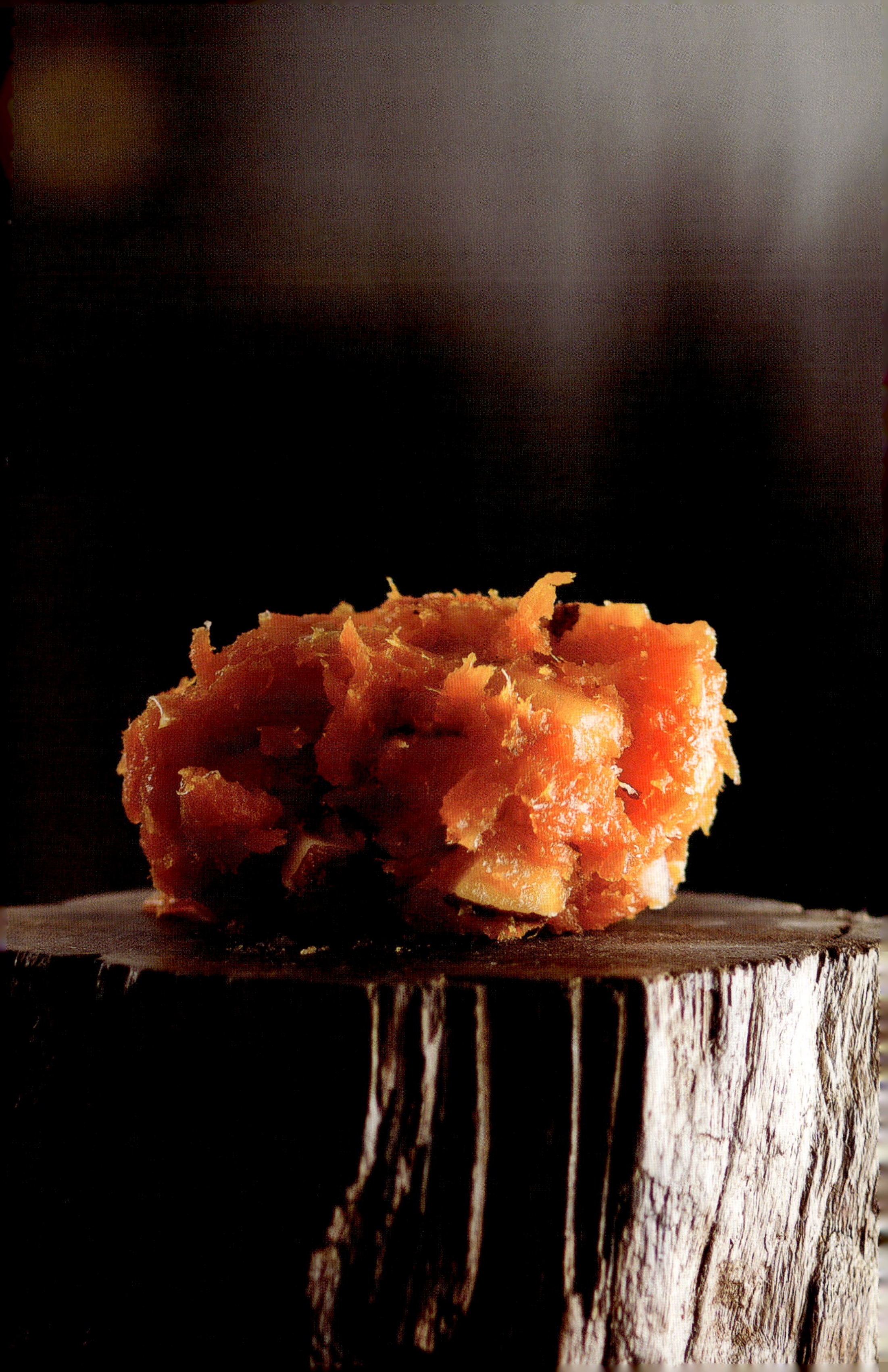

Carnívora

A mulher carnívora é a companhia certa para o homem que se diverte muito mais com uma orgia em uma churrascaria do que em um motel.

É difícil, hoje em dia, encontrar uma mulher assim, porque, com essa mania de regime, a carnívora é quase uma mulher em extinção.

Se você é realmente chegado "numas carne", o jeito é se mudar pro sul do país. Eu conheço umas gaúchas que comem mais que muito marmanjo do resto do país e não entendem como um ser humano pode ser vegetariano.

Se você é iniciante na cozinha, cuidado com as carnes, pois ponto de cocção e textura são fundamentais para quem aprecia uma bela proteína. Pergunte qual o ponto que ela prefere para não servir uma carne sangrando para uma mulher que não passa nem na porta de um hospital.

Se ela disser que tanto faz, faça ao ponto.

Pontos de cocção de carnes

Para carne *au bleu*, o tempo médio de cocção em fogo alto é de 1 minuto para cada lado. Se você espetar o termômetro nela, verá que a temperatura interna estará entre 50 e 54 °C. Para carne *saignant*, o tempo é de 2 minutos de cada lado. A temperatura interna será de 55 a 59 °C. Para ter uma carne malpassada, deixe 3 minutos de cada lado ou espere até que o centro do filé esteja entre 60 e 64 °C. Para chegar "ao ponto", deixe em fogo forte por 4 minutos de cada lado, depois abaixe o fogo e deixe por mais 5 minutos. A temperatura interna girará entre 65 e 74 °C. A partir de 75 °C a carne passou.

Seguindo essas regras você vai agradar a sua presa sem que ela sinta que está digerindo um tiranossauro rex após o jantar.

Carne é muito bom para a saúde se consumida em quantidades moderadas. O problema de uma refeição carregada em carne no Brasil é que às vezes comemos mais gordura do que realmente precisamos, como aquela picanha trabalhada na gordura, a linguiça de baixa qualidade ou o cupim, que, em vez de irem para o estômago, já grudam direto nas artérias.

A minha ideia para você, que vai receber em casa uma carnívora, é brincar com uma sequência estilo churrascaria, só que numa roupagem mais moderna e simples de fazer.

Se joga! Acenda a brasa dessa mulher para ela não "fugir do espeto" na hora H.

Menu para a carnívora

Rodízio
Bombom de linguiça com farofa de pão de alho e vinagrete

Ancho
Bife ancho grelhado e batatas assadas ao alecrim

Abacaxi brûlée
Abacaxi com zest de limão e sorbet de frutas vermelhas

Harmonização
Malbec

Rodízio

Ingredientes

Bombom de linguiça

2 linguiças frescas de qualidade

1 colher (de sopa) de queijo parmesão ralado

Farofa de pão de alho

1 pão francês dormido ralado (ou 1 xícara de panko – farinha de pão japonesa)

1 dente de alho pequeno

Sal a gosto

Pimenta-do-reino a gosto

1 fio de óleo de canola
(um fio = bem pouquinho)

Vinagrete

2 tomates

1/2 cebola roxa

1 colher (de sopa) de pimentão amarelo

1 colher (de chá) de salsinha picada bem miudinho

1 colher (de sopa) de azeite

2 colheres (de sopa) de vinagre de maçã

Sal a gosto

Pimenta-do-reino a gosto

Modo de preparo

Bombom de linguiça

Retire a pele das linguiças e misture a carne com o queijo parmesão.

Faça bolinhas com essa massa e leve ao forno médio até dourar.

Farofa de pão de alho

Esquente uma frigideira com o fio de óleo de canola, doure o alho levemente, junte o pão ralado e torre um pouco.

Acerte o sal e a pimenta-do-reino.

Vinagrete

Pique os vegetais.

Misture o vinagre e o azeite e tempere com sal e pimenta.

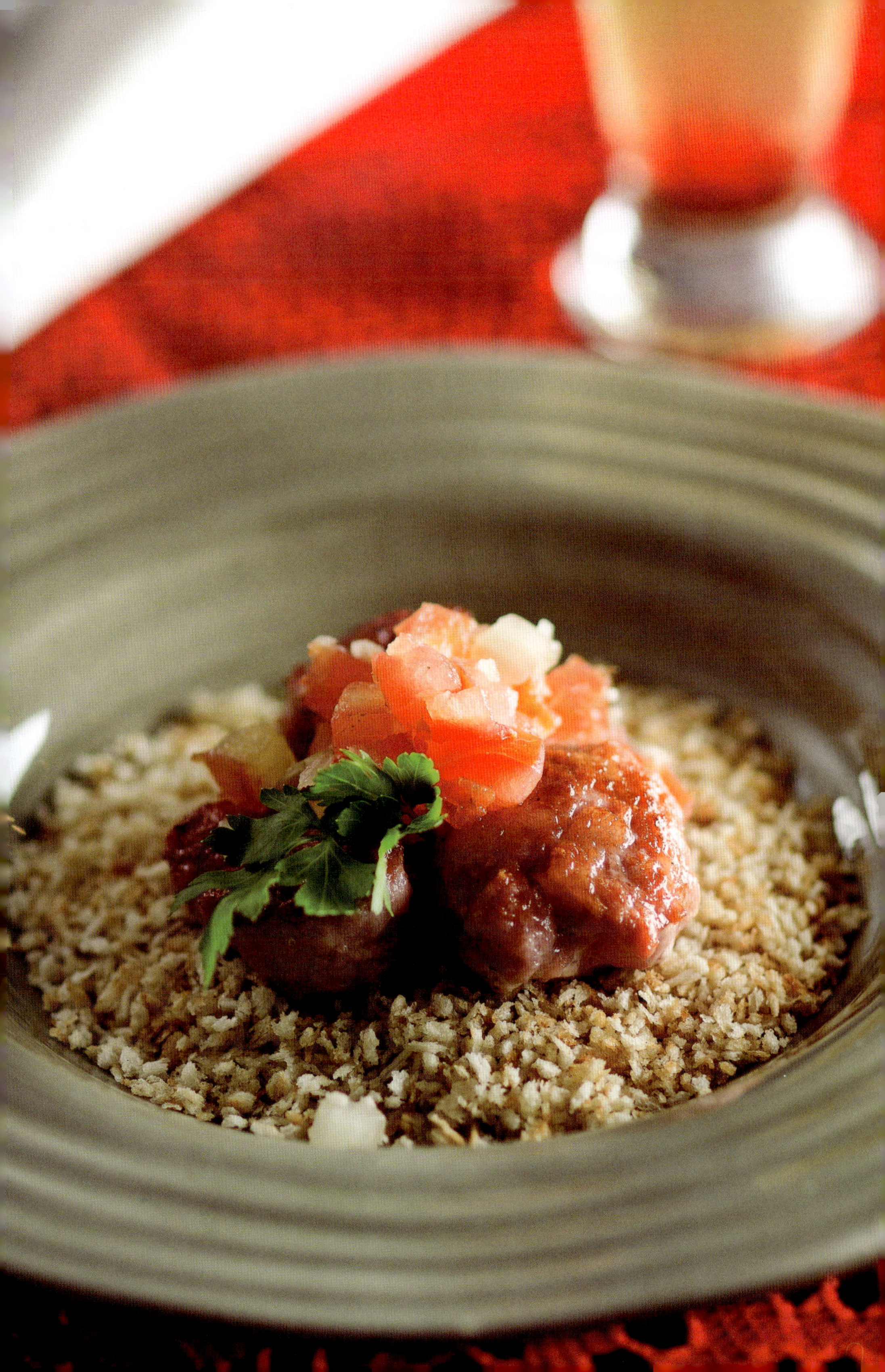

Ancho

Ingredientes

2 bifes de aproximadamente 300 g cada um
Sal e pimenta-do-reino
2 batatas-inglesas
1 colher (de sopa) de manteiga
1 dente de alho
1 colher (de chá) de pimenta-dedo-de-moça (picada sem sementes)
1 colher (de chá) de alecrim

Modo de preparo

Ancho

Tempere a carne com sal e pimenta.

Grelhe ao ponto desejado.

Batatas rústicas ao alecrim

Em 1 litro de água com uma pitada de sal, cozinhe as batatas até que fiquem macias, mas ainda firmes.

Misture a manteiga com o alho, a pimenta e o alecrim.

Faça um corte em cruz nas batatas e passe a manteiga. Leve-as ao forno médio para que fiquem douradas e terminem a cocção.

Abacaxi brûlée

Ingredientes

2 fatias grossas de abacaxi
1 limão-siciliano
4 pacotes de polpa de frutas vermelhas
1 xícara de água
1 colher (de sopa) de açúcar
Folhas de hortelã para decorar

Modo de preparo

Retire os centros do abacaxi com um aro de metal.

Passe açúcar nas fatias e queime com o maçarico (ou numa frigideira antiaderente) até caramelizar.

Bata a polpa de frutas no liquidificador com a água, o sumo do limão e o açúcar até virar um purê.

Cubra e coloque no freezer por 40 minutos.

Raspe com um garfo para que fique mais fofinho.

Devolva ao freezer por mais 20 minutos e raspe novamente com o garfo, para deixar a textura mais delicada. Sirva com o abacaxi e raspas de limão.

Chef

Meu amigo, você tem certeza de que quer mesmo fazer um jantar para uma chef de cozinha?

Não rola um plano B? Que tal uma bebidinha e uma massagem no pé?

Não te convenci?

Então, tá, já que você é um homem de coragem, aqui vão as minhas dicas.

Primeiro: investigue o trabalho dela. Veja na internet o site do restaurante onde ela é chef de cozinha e dê uma geral no cardápio. O que estiver ali você esquece. Nada de concorrer com a pretendente e tentar fazer um prato melhor que ela.

Segundo: esqueça as comidas sofisticadas – *foie gras*, vieiras decoradas com flores, fios de cebolinha, pimenta rosa, redução de balsâmico e outras frescuras mais. Isso ela já faz todos os dias.

Na minha singela opinião, se eu fosse você, tentaria oferecer alguma coisa que com certeza ela não faz no dia a dia.

Conquistar uma profissional da cozinha pela barriga pode parecer complicado, mas também pode ser mais simples do que parece. Aqueles que amam cozinhar e escolhem esse sacerdócio geralmente têm em comum algumas características básicas:

Amam servir e agradar.

Fora do trabalho adoram comida simples.

Gostam de beber coisa boa.

Quem ama agradar, quando é agradado, fica muito feliz. Então aqui vão duas receitas da minha avó que você pode pegar emprestadas e dar um show.

Vamos valorizar o ingrediente e minimizar a complexidade da cocção. Faça tudo com muito amor e carinho e aguarde a gorjeta no final da noite!

Menu para a chef

Galinha à moda da rua das verduras
Galinha com milho-verde, banana da terra, batata-doce, quiabo, abóbora e maxixe servida com pirão e farofa de manteiga

Torta cetim
Essa foi a primeira receita que eu fiz e é uma deliciosa torta de leite de coco e queijo direto lá dos anos 80

Harmonização
Syrah

Galinha à moda da rua das verduras

Ingredientes

2 coxas
2 sobrecoxas desossadas
1 milho-verde (pode ser em latinha mesmo)
1 batata-doce
1 banana-da-terra
200 g de abóbora
4 quiabos
4 maxixes
1 litro de caldo de legumes
1/2 litro de vinho branco
100 g de bacon

1 colher (de sopa) de manteiga
2 dentes de alho amassados
1 cebola roxa picada bem pequeno
1 pitada de cominho (use pouco, pois é bem forte)
1 colher (de chá) de semente de mostarda (opcional)
1 colher (de chá) de erva-doce (opcional)
1 colher (de sopa) de salsinha picada miudinho
Sal e pimenta-do-reino a gosto

Modo de preparo

Galinha

Numa panela de fundo grosso, doure o bacon e deixe soltar toda a gordura.

Adicione os pedaços de galinha e frite até começar a dourar levemente.

Adicione a cebola, o alho, a semente de mostarda e a erva-doce e misture.

Junte a batata-doce, o milho, a banana-da-terra e a abóbora.

Cubra tudo com o caldo de legumes e deixe cozinhar (vá adicionando água quando necessário).

Junte os maxixes e quiabos só no final e cozinhe rapidamente para que fiquem *al dente*.

Pirão

Retire os pedaços do frango e os legumes da panela.

Coe o caldo que ficou do cozimento em outra panela e junte a farinha aos poucos, mexendo sempre até que

Pirão
Líquido do cozimento da galinha
Farinha de mandioca (para dar o ponto)

Farofa
200 g de farinha de mandioca
50 g de manteiga

fique cremoso (se empelotar, passe no liquidificador ou numa peneira grossa).

Farofa

Derreta a manteiga numa panela.

Junte a farinha, mexendo sempre até que fique crocante.

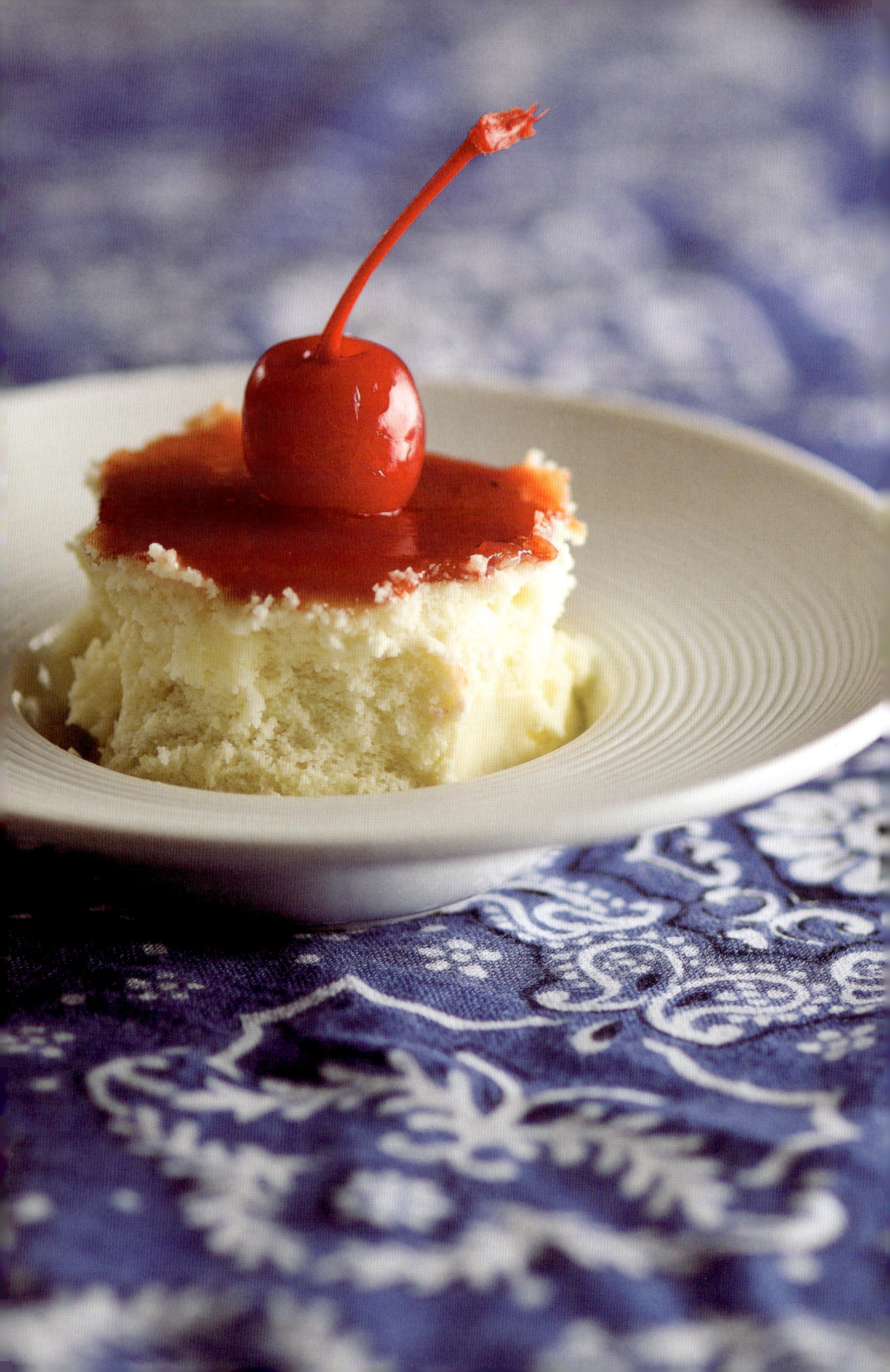

Torta cetim

Ingredientes

1 lata de leite condensado (395 g)
1 lata de creme de leite (395 g)
250 ml de leite de vaca
200 ml de leite de coco
4 ovos
1 colher (de sopa) de farinha de trigo
1 colher (de sopa) de manteiga sem sal
1 fava de baunilha (ou 1/2 colher de chá de extrato de baunilha)
3 colheres (de sopa) de queijo parmesão ralado
Frutas em conserva de sua preferência

Modo de preparo

Derreta a manteiga, misture todos os ingredientes no liquidificador e bata.

Despeje em um refratário médio e leve ao forno preaquecido a 180 graus, até dourar.

Deixe esfriar, decore com frutas de sua preferência e leve à geladeira por 3 horas.

Diabética

Que situação delicada, hein, meu amigo? Você está de olho na mulher e ela é diabética.

Não tem problema, não. Com certeza ela é mais docinha que as outras.

Faça o seguinte: esconda qualquer rastro de açúcar que houver na sua casa. Enfie na gaveta dos DVDs o ovo de Páscoa que está há cinco meses lá do lado da TV, pegue as jujubas que a sua sobrinha esqueceu na sua casa e dê pra filha do zelador. Agora corra para o supermercado e compre três tipos de adoçantes, porque você nunca acerta o que as mulheres preferem.

Quanto ao cardápio do jantar, você pode pesquisar na internet ou ligar para aquela sua amiga fanática por dieta. Com certeza ela sabe uma boa receita que não leva carboidrato nem açúcar.

Esqueça as massas, os pães, o sorvete, o chocolate e algumas frutas.

Invista nas proteínas e nas fibras. Uma boa salada também funciona. Na hora da sobremesa, você diz pra ela que está fazendo a dieta de Cosme e Damião, e em lugar de um docinho de brinde vocês comem uma bolachinha de gergelim com granola e maçã e zero açúcar.

E não se esqueça de botar todos os adoçantes na mesa na hora do cafezinho e mostre pra essa mulher que você é muito mais doce por dentro do que por fora.

Tudo o que faltou de doçura na mesa está lá no quarto, esperando por ela!

Menu para a diabética

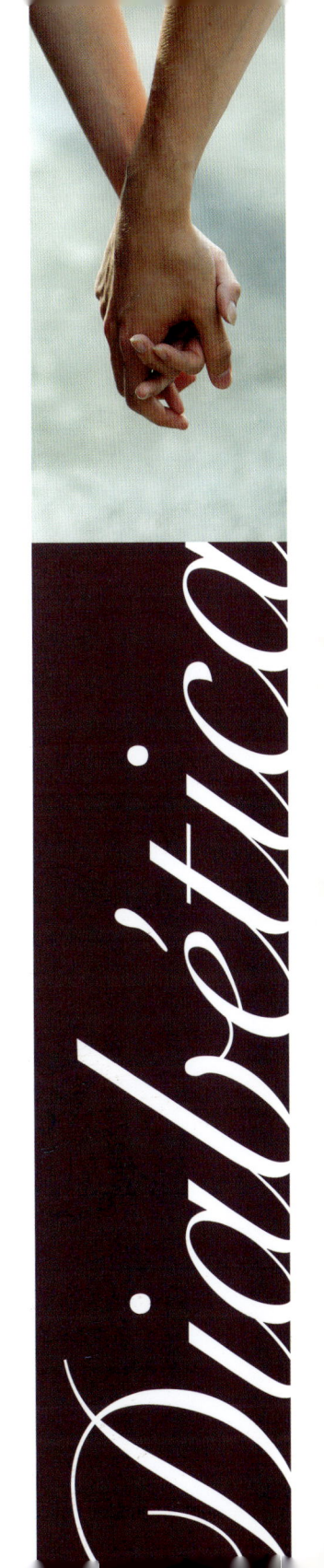

Salada James Brown (sim, ele era diabético)
Salada de folhas variadas com mirtilos

Posta de salmão assado com favas
Leve, colorido e com muitas vitaminas

Chocolicious
Diabético também pode um docinho, né?

Harmonização
Chardonnay

Salada James Brown

Ingredientes

Mix de folhas
2 colheres (de sopa) de mirtilos
2 colheres (de sopa) de nozes
1 colher (de sopa) de mostarda de Dijon
1 colher (de sopa) de água
1 colher (de sopa) de suco de laranja
1 colher (de sopa) de iogurte desnatado
Sal e pimenta-do-reino

Modo de preparo

Higienize e seque muito bem as folhas.

Faça um molho emulsionando bem mostarda, iogurte, laranja, água, sal e pimenta.

Tempere bem as folhas e junte as nozes e os mirtilos.

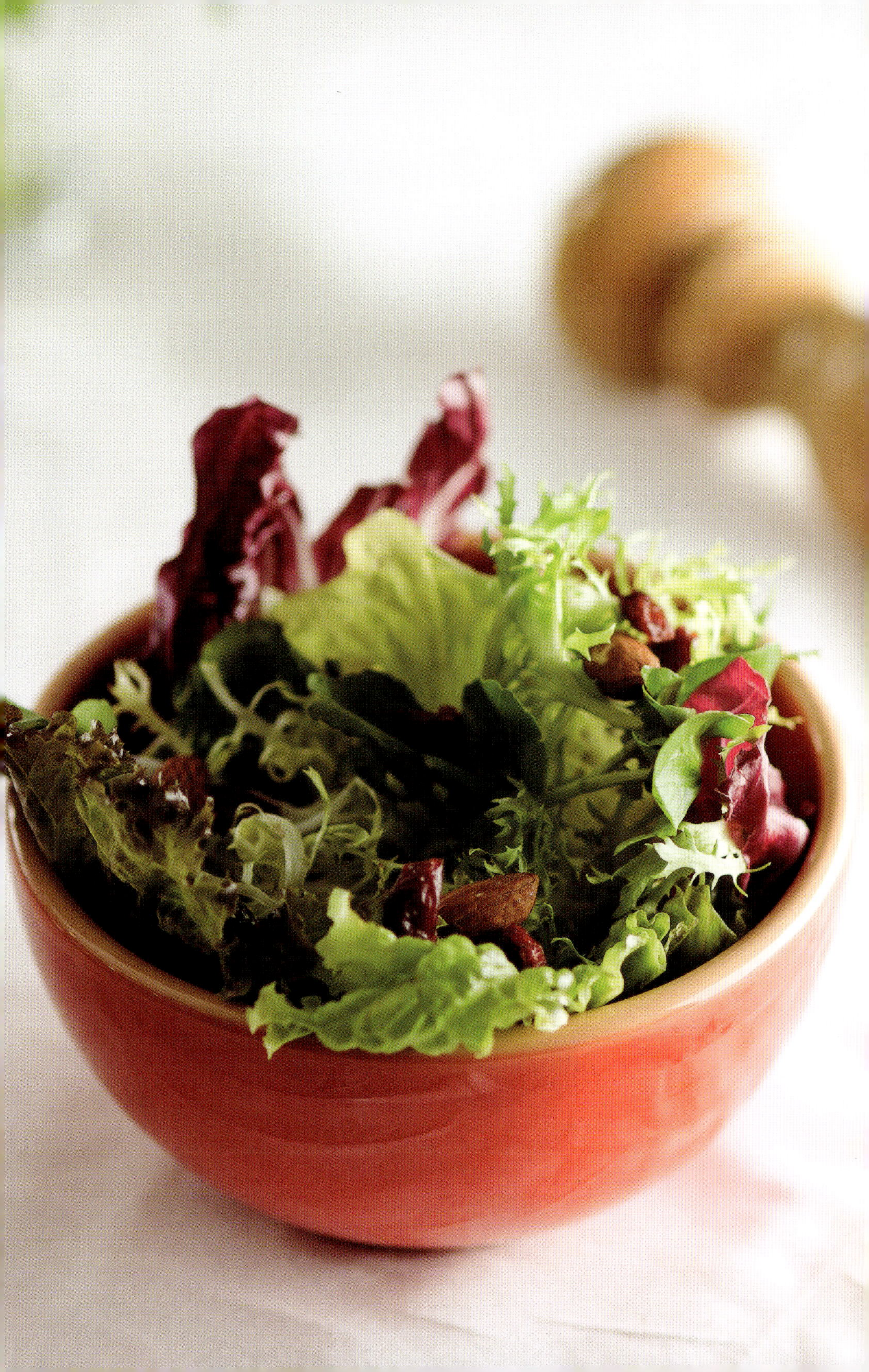

Posta de salmão assado com favas

Ingredientes

2 postas de salmão
200 g de favas verdes frescas
1 dente de alho picado pequeno
1 dente de alho inteiro
1/2 cebola
1 colher de pimentão vermelho picado
1 colher (de sopa) de salsinha picada
1 ramo de tomilho
1 folha de louro
1 limão
1 colher de azeite de oliva extravirgem
Sal e pimenta-do-reino a gosto

Modo de preparo

Tempere as postas de salmão dos dois lados com sal, alho picado, pimenta, tomilho e sumo de limão.

Coloque metade do azeite e espalhe-o bem numa assadeira, ponha as postas e leve ao forno médio preaquecido durante 30 minutos.

Ponha as favas frescas em uma panela e cubra com água temperada com sal e uma folha de louro.

Ferva por 30 minutos ou até que as favas estejam macias. Escorra.

Numa frigideira, coloque o azeite e um dente de alho inteiro e frite até que comece a dourar.

Retire o alho e adicione a cebola e o pimentão. Salteie as favas para dar sabor, acerte o sal e a pimenta-do-reino e sirva com o peixe bem quente.

Decore com salsinha picada.

Chocolicious

Ingredientes

30 g de cacau em pó dietético e sem açúcar
300 ml de leite desnatado
30 g de amido de milho
2 morangos
2 colheres (de sopa) de adoçante líquido
Folhas de hortelã

Modo de preparo

Aqueça 200 ml de leite em uma panela em fogo baixo.

Dilua o cacau e o amido de milho nos outros 100 ml de leite.

Quando o leite na panela ferver, adicione a mistura anterior e mexa por mais 5 minutos até que engrosse.

Retire do fogo e adoce a gosto.

Sirva com folhas de hortelã e os morangos picados por cima.

Esotérica

Na melhor das hipóteses a esotérica faz ioga; na pior, ela dá aula de ioga.

Lê um tarô como ninguém e ainda associa a sua interpretação das cartas ao seu signo e à numerologia. Está fazendo um curso de leitura da íris e anda com o santinho de sua guru indiana na bolsa.

Essa é a mulher que você quer pegar? Então, caro amigo, prepare-se para muita conversa durante o jantar, porque mulher esotérica fala.

Ela vai descrever você da cabeça aos pés baseada no seu signo, no ascendente, no descendente, na posição da lua, na hora em que sua mãe te pariu, na posição de Júpiter sobre Marte com confluência em Saturno, e por aí vai...

Enquanto ela fala você prepara um jantar indiano para ela. Crie um clima zen na sua casa com velas e pétalas de flores. Dispense o incenso para não rolar um conflito de cheiro de comida com cheiro de *ylang ylang*. Capriche na música e baixe uns MP3s do George Harrison daquela época em que ele cismou de tocar cítara.

Vamos ao cardápio dessa noite estrelar, em que, por coincidência, ela descobriu que Plutão está louco para entrar em Vênus. Com esse menu, meu amigo, você vai levar essa mulher a um plano superior, em que ela vai ver estrelas, levitando nos seus lençóis pelos chacras do amor.

Menu para a esotérica

Kebab de camarão com chutney de manga
Espetinho de camarão com molho de manga

Frango ao curry com legumes
Adoro essa receita, faço sempre e é um hit

Miniarroz integral
Uma variedade de arroz bem brasileira,
superdelicado e muito aromático

Kheer de tapioca
Uma sobremesa típica indiana, em que eu meti
o bedelho e coloquei uma tapioca

Harmonização
Sauvignon blanc

Kebab de camarão com chutney de manga

Ingredientes

Kebab de camarão

2 palitinhos de churrasco
8 camarões limpos
1 colher (de chá) de zest de limão
1 ramo de alecrim picado bem miúdo
1 colher (de sopa) de azeite
Pimenta-do-reino branca a gosto
Sal a gosto

Chutney de manga fácil

1 manga madura
1 dente de alho
1 colher (de sopa) de cebola roxa
1 colher (de chá) de salsinha picada
1 colher (de sopa) de mel
1 colher (de sopa) de vinagre de maçã
Pimenta-dedo-de-moça sem as sementes picada pequeno (a gosto)
1 pitada de sal

Modo de preparo

Kebab de camarão

Tempere os camarões com sal, pimenta, zest de limão, alecrim e azeite (esfregue bem nos camarões e leve à geladeira para que pegue sabor por 1 hora).

Aqueça uma grelha, ponha os camarões no espeto e grelhe dos dois lados (ligeiramente, porque camarão fica pronto rápido: mudou de cor, já era!).

Chutney de manga fácil

Pique a manga em pedaços.

Misture tudo e deixe na geladeira de um dia para o outro.

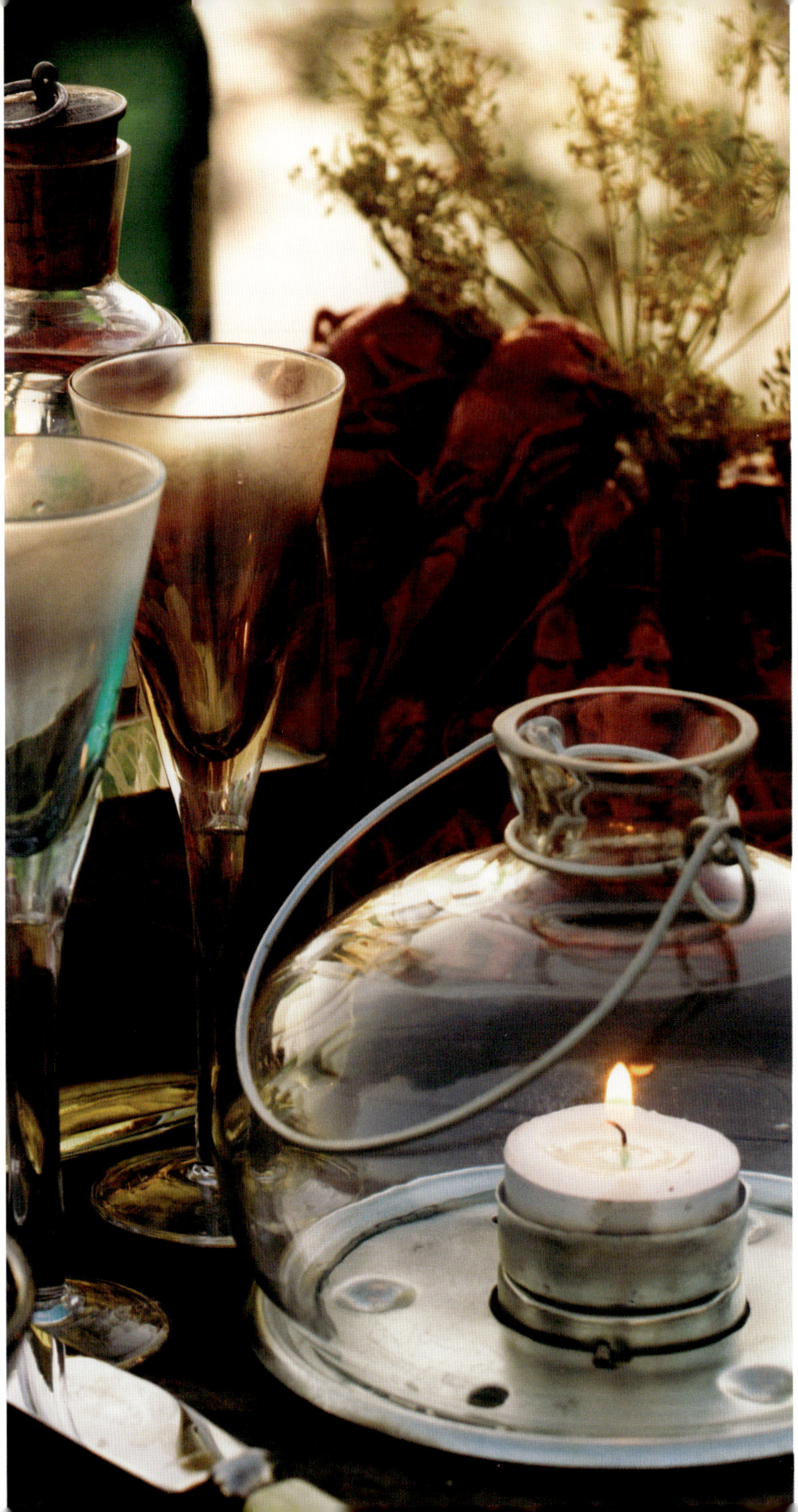

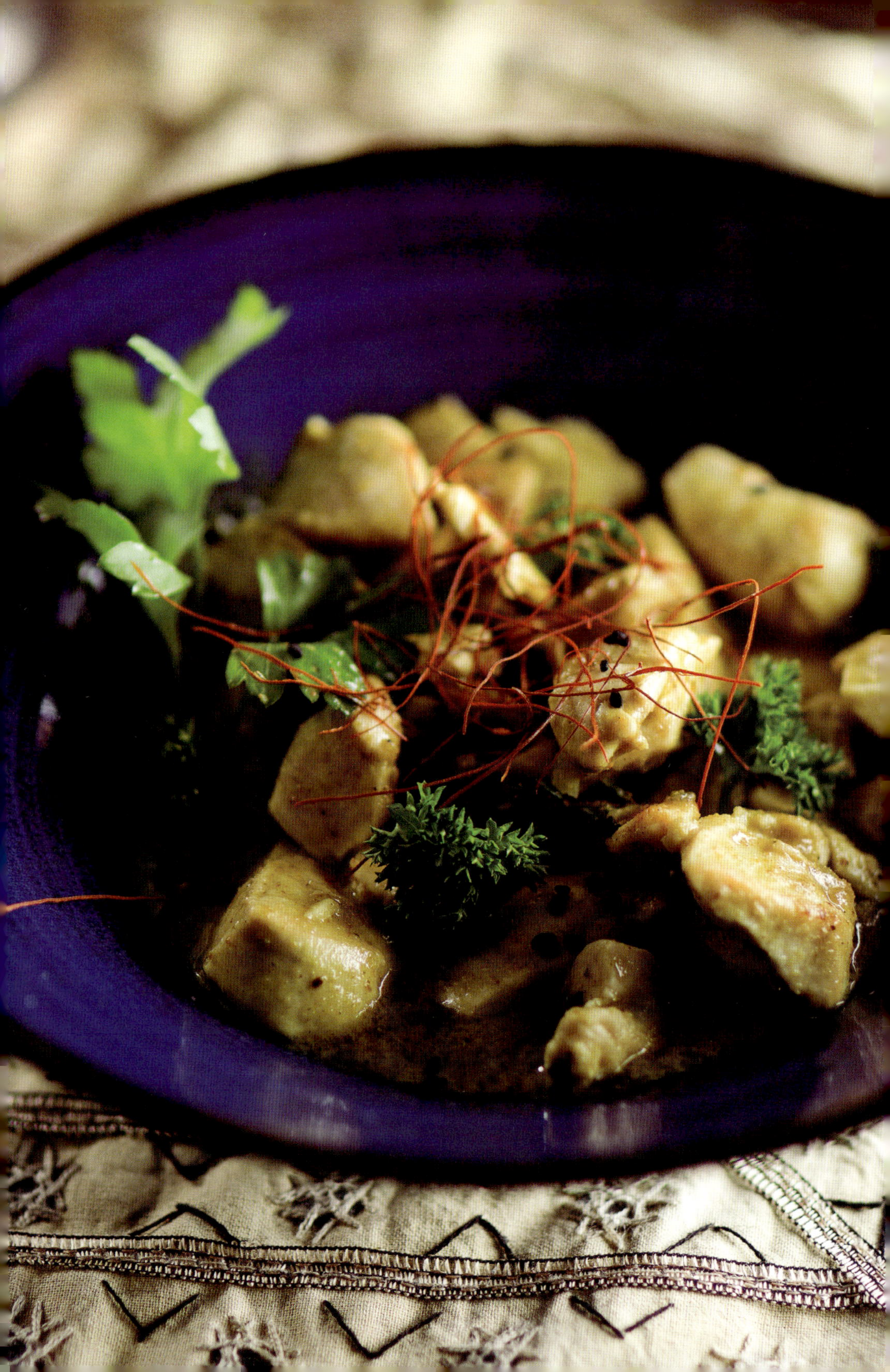

Frango ao curry com legumes

Ingredientes

2 filés de peito de frango (aprox. 400 g) em cubos
1 colher (de sopa) de cebola picada
1 colher (de sopa) de azeite
Curry amarelo em pó a gosto
1 pitada de cominho em pó
1 cubo de caldo de legumes
250 ml de água fervente
Sal e pimenta a gosto

Modo de preparo

Doure a cebola no azeite em uma frigideira em fogo médio.

Adicione os cubos de frango e polvilhe com curry, cominho, sal e pimenta.

Dissolva o caldo de legumes na água quente. Adicione à panela com o frango e cozinhe por 15 ou 20 minutos, sem tampa. Adicione mais caldo ou água se o molho ficar muito grosso.

Verifique o tempero e adicione mais, se necessário.

Miniarroz integral

Ingredientes

1 xícara de miniarroz integral
3 xícaras de água
Sal

Modo de preparo

Ferva a água numa panela e acrescente o sal.

Com uma peneira, lave o miniarroz integral, junte-o à água e mexa.

Cubra e deixe ferver até o arroz ficar *al dente*.

Kheer de tapioca

Ingredientes

1 xícara de leite de coco
1 xícara de leite integral
2 colheres (de sopa) de tapioca para sagu
1 colher (de sopa) de uva-passa
1 colher (de sopa) de amêndoas torradas em lascas
1 colher (de sopa) de pistache picado
1 canela em pau
1 colher (de sopa) de mel
1 pitada de açafrão
1 pitada de cardamomo em pó

Modo de preparo

Em uma panela, ferva o leite de coco, o leite, o mel, o pau de canela, o cardamomo e o açafrão.

Após levantar fervura, acrescente a tapioca e abaixe o fogo.

Cozinhe por 20 minutos, ou até que fique cremoso e macio.

Junte a uva-passa e cozinhe por mais alguns minutos.

Sirva decorado com as amêndoas e com o pistache.

Executiva

Ela é bem-sucedida, inteligente e só anda montada no estilo. Conhece as maiores e mais famosas cidades do mundo. Fala cinco línguas e lida com os homens mais preconceituosos e machistas que o mundo executivo possui.

A alta executiva está acostumada a frequentar os restaurantes mais caros, famosos e badalados do mundo. E não só frequenta como é amiga do chef, tem uma mesa sempre à sua espera e manda ver no cartão empresarial.

Degustação, alta gastronomia e comida molecular significam para ela a mesma coisa que a marmita para um boia-fria: todo dia tem.

Se você, meu amigo, está louco para arrancar com os dentes aquele *tailleur* que ela usa, ofereça para a sua executiva alto padrão um almocinho de domingo.

Já que ela sabe a cotação da bolsa, o sobrenome do presidente da Noruega e não deixa de ler nem por um dia o *Financial Times*, apele para a tal da inteligência emocional e mande ver num menu do tipo "minha vó também fazia".

Convide a supermulher para almoçar com você e diga que será bem informal, assim ela terá a chance de usar uma calça jeans, uma sandália rasteirinha (se é que ela tem uma em seu *closet*) e uma camiseta básica. Tudo bem, a bolsa vai ser uma Birkin, mas finja que você não sabe nem o que é e jogue a bolsa dela, de 7 mil dólares, na caminha do seu cão.

Pode pular a entrada, porque executiva tem que manter a boa forma, e, se ela já vai encarar banana frita e brigadeiro, não obrigue essa mulher a comer um pão de linguiça, senão ela vai ter que dobrar a dose do Xenical à noite.

E ofereça uma cerveja bem gelada, porque de vinho e champanhe ela já está cansada, e essa mulher, com certeza, não toma nada que custe menos de 100 dólares a garrafa.

Menu para a executiva

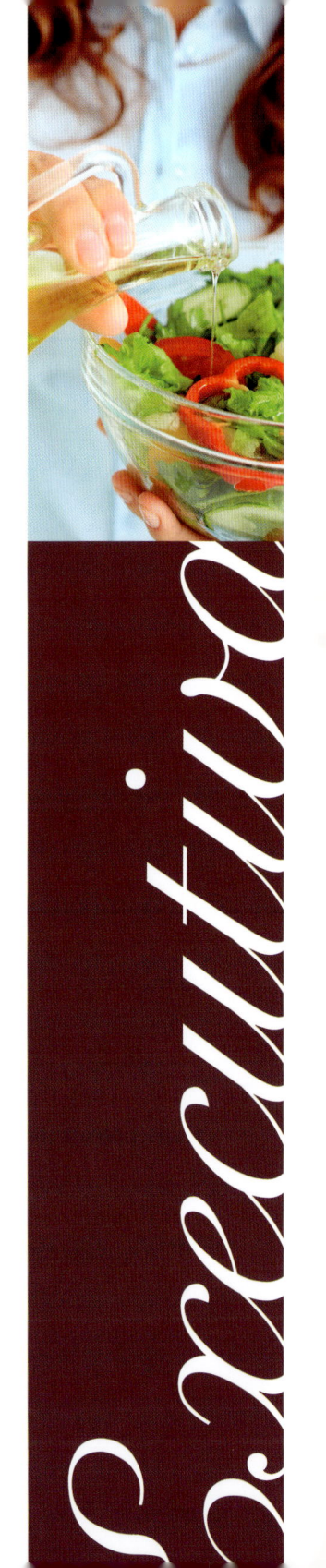

Picadinho Wall Street
Picadinho de filé com tudo que se tem direito

Arroz branco
Vai aprender a fazer arroz agora. Não tem mistério

Farofa de banana
Alguém resiste a uma farofa de banana?

Pastel de queijo de minas
Amor em forma de fritura

Brigadeiro de panela molezinha do papai
Esse até meu cachorro Chablis faria!

Harmonização
Tempranillo

Picadinho Wall Street

Ingredientes

500 g de filé-mignon picado
1 colher (de sopa) de manteiga
1 cebola picada
2 dentes de alho picados
1 colher (de sopa) de salsinha picada
1 tomate picado
3 colheres (de sopa) de azeite extravirgem
1/2 copo de vinho branco
1/2 copo de caldo de legumes
Sal e pimenta-do-reino a gosto

Modo de preparo

Numa frigideira, aqueça o azeite e a manteiga.

Em seguida, adicione a carne e frite um pouco, sem mexer muito.

Junte a cebola e o alho.

Tempere com o sal e a pimenta. Refogue por alguns minutos.

Adicione o tomate, o vinho branco e o caldo de legumes.

Deixe reduzir por uns 5 minutos em fogo médio.

Salpique com salsinha.

Arroz branco

Ingredientes

1 xícara de arroz branco lavado e escorrido
2 xícaras de água
1 colher (de sopa) de óleo
1 dente de alho picado bem pequeno
1 colher (de chá) de sal

Modo de preparo

Coloque o óleo para esquentar em fogo médio e refogue o alho. Não precisa deixar dourar!

Coloque o arroz e refogue rapidamente.

Junte a água.

Assim que ferver, abaixe o fogo e conte 15 minutos.

Passado esse tempo, desligue o fogo e tampe a panela.

Deixe em repouso por 10 minutos e sirva em seguida.

Farofa de banana

Ingredientes

1 banana (eu gosto de usar a prata)
1 colher (de sopa) de manteiga
1 colher (de sopa) de cebola picada
1 e 1/2 xícara de farinha de mandioca
Sal e pimenta-do-reino a gosto

Modo de preparo

Descasque as bananas e corte em pedaços pequenos.

Leve a manteiga ao fogo e doure a cebola.

Junte a banana e refogue um pouquinho até corar.

Vá adicionando a farinha aos poucos.

Tempere com sal e pimenta e sirva imediatamente.

Pastel de queijo de minas

Ingredientes

2 massinhas para pastel prontas
1 colher (de sopa) de queijo de minas ralado
1 colher de catupiry
1 pitada de orégano
Óleo de canola para fritar

Modo de preparo

Misture o queijo de minas, o catupiry e o orégano.

Recheie o pastel com a mistura de queijos e dobre a massa sobre ela mesma, passe o dedo molhado com água nas bordas e amasse as pontinhas com um garfo para fechar.

Frite em óleo quente (cuidado para não queimar).

Brigadeiro na panela molezinha do papai

Ingredientes

1 lata de leite condensado
3 colheres (de sopa) de chocolate em pó
1 colher de manteiga sem sal

Modo de preparo

Coloque a manteiga em uma panela de fundo grosso e espere derreter.

Coloque o leite condensado e o chocolate em pó e misture bem.

Deixe essa mistura em fogo médio até quando estiver começando a soltar da panela.

Dica do Guga

Sirva com duas colheres – cada um come com a sua. É rústico, mas calma lá que vocês ainda não têm essa intimidade. E, no lugar de ser uma sobremesa sexy, a executiva pode ficar com nojo da sua colher babada...

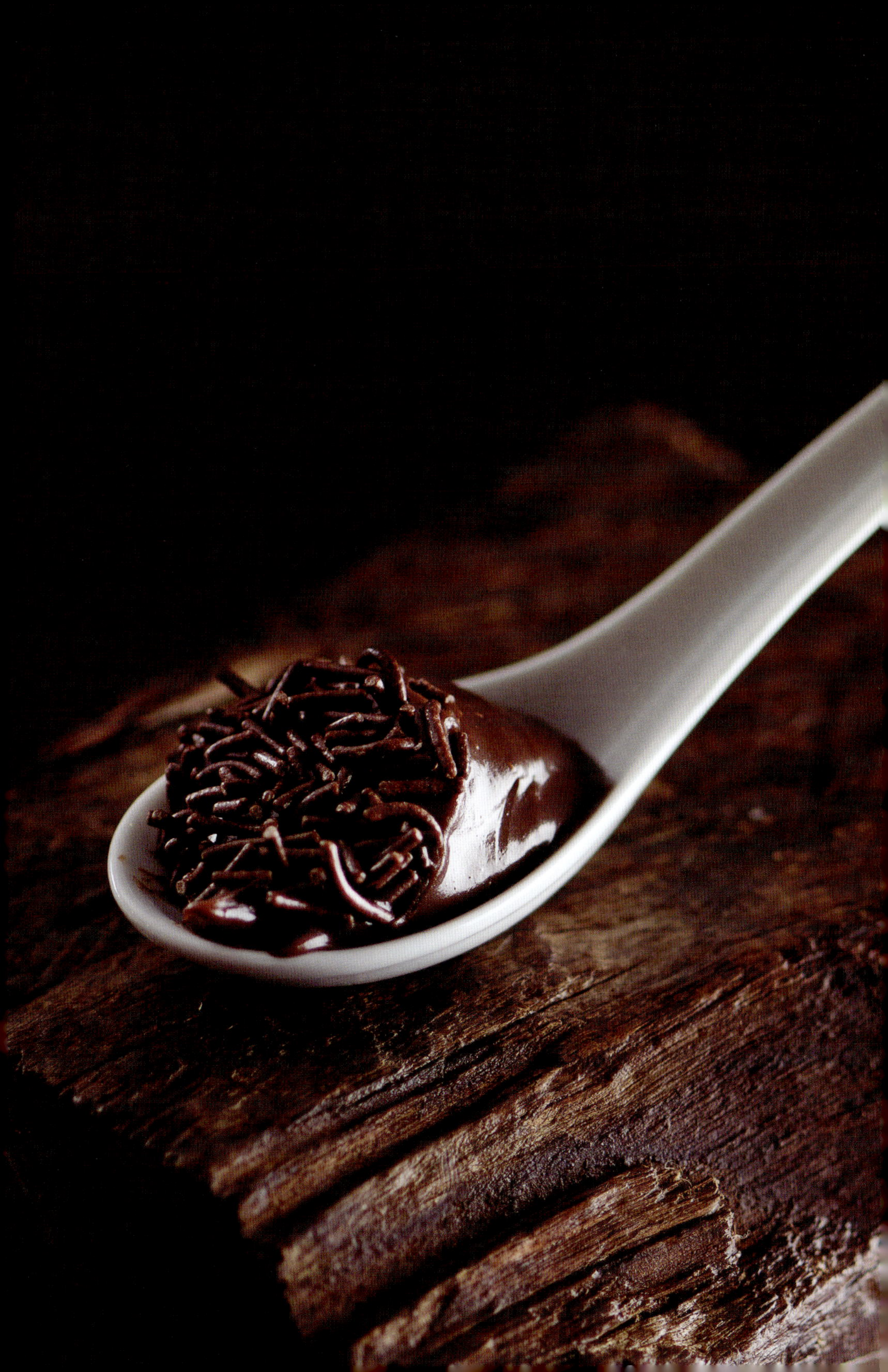

Femme fatale

Parece saída de um filme do James Bond. Ela é sexy, envolvente e misteriosa. Sabe que é fatal e gosta de ser. Imagina-se a própria Mata Hari com olhos de neblina e perfume de lótus do Oriente. É ela que conquista, ou, no máximo, se deixa conquistar quando bem entende. A medida do seu desejo é o desejo sem medida.

Se você está mirando uma *femme fatale* e pretende convidá-la para jantar na sua casa, já abra a porta com as taças de champanhe na mão, escolha jazz como som ambiente, acenda umas velas e não deixe, em hipótese alguma, que ela entre na cozinha. Esse ar de mistério vai deixar essa mulher, que adora um suspense, doidinha.

Para uma *femme fatale*, só uma comida gostosa não adianta. O cardápio tem de ser sensual, afrodisíaco e enigmático.

Faça pratos que pareçam complicados mas não são usando técnicas e utensílios simples. Eles vão transformar preparações relativamente corriqueiras em uma experiência exótica e digna de qualquer Bond Girl.

Já aviso de antemão que, para fazer um jantar para uma *femme fatale*, você vai ter que tirar o escorpião do bolso e gastar nas comprinhas, porque esse menu é mais caro.

Mas não se preocupe, não, pois com certeza esse investimento vai render muito no final.

Menu para a femme fatale

Vieiras Monte Carlo
Carpaccio de vieiras com ovas de salmão e maçã verde

Penne fatale
Penne com lagosta ao creme de champanhe aromatizado com cardamomo, ervilha-torta e tomate-cereja

Framboesas e umburana
Framboesas com chantili de umburana

Harmonização
Espumante rosé brut

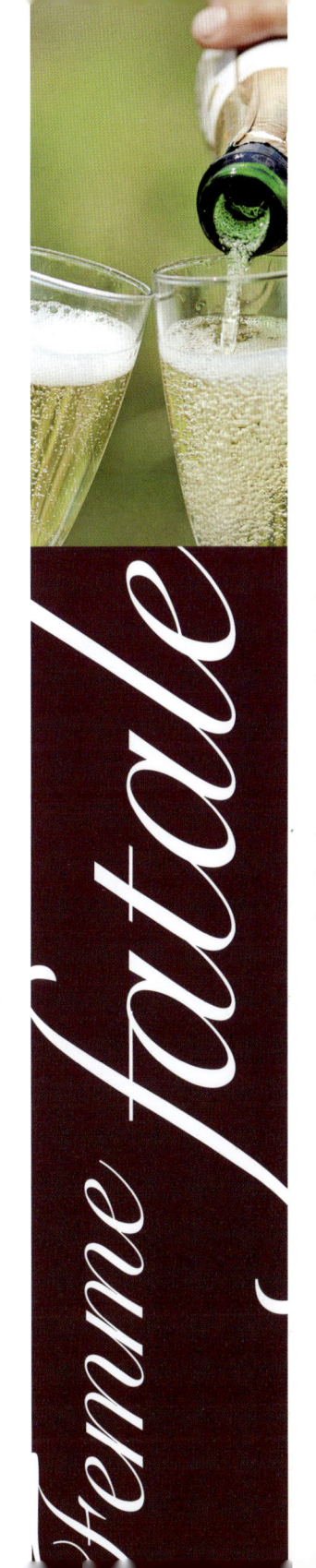

Vieiras Monte Carlo

Ingredientes

4 vieiras frescas
2 colheres (de chá) de ovas de salmão
1 limão-siciliano
1 maçã verde cortada em palitos pequenos (ponha limão para que não escureça)
Brotos para decorar
Sal e pimenta-do-reino

Modo de preparo

Corte a vieira ao meio e tempere com azeite, sal e pimenta-do-reino.

Disponha a maçã por cima e as ovas por cima da maçã.

Decore com brotos.

Penne fatale

Ingredientes

200 g de penne
2 lagostas frescas
100 ml de champanhe
1 colher (de chá) de azeite de oliva
1 cenoura
1 cebola
1 talo de salsão
300 ml de creme de leite fresco

1 fava de cardamomo
1/2 cebola picada bem pequeno
1 colher (de sopa) de manteiga gelada
4 ervilhas-tortas
Sal e pimenta-do-reino a gosto
Ervas frescas para decorar (dica: salsinha crespa, sálvia, dill...)

Modo de preparo

Molho

Numa panela, aqueça um fio de azeite de oliva e frite as cabeças das lagostas (pressione-as para extrair todo o suco, porque é nelas que se concentra o sabor), junto com a cebola, a cenoura e o salsão, até caramelizar.

Junte 100 ml de champanhe (ou um bom espumante nacional), 300 ml de água e o cardamomo.

Cozinhe até reduzir pela metade.

Coe esse caldo e passe-o para outra panela.

Adicione então o creme de leite, uma colher de manteiga e cozinhe até ficar cremoso.

Penne

Cozinhe a massa seguindo as indicações do pacote.

Escorra e reserve.

Lagosta

Limpe a lagosta, retirando o intestino.

Corte a cauda em medalhões.

Doure 1/2 cebola na manteiga e junte a lagosta (lagosta fica pronto muito rápido).

Junte a ervilha-torta cortada em pedaços.

Misture a massa e o molho e sirva.

Framboesas e umburana

Ingredientes

12 framboesas
200 g de creme de leite fresco
1 semente de umburana
1 colher (de chá) de açúcar

Modo de preparo

Bata o creme de leite até virar chantili.

Raspe a semente de umburana e misture bem ao chantili, junto com o açúcar.

Sirva com as framboesas.

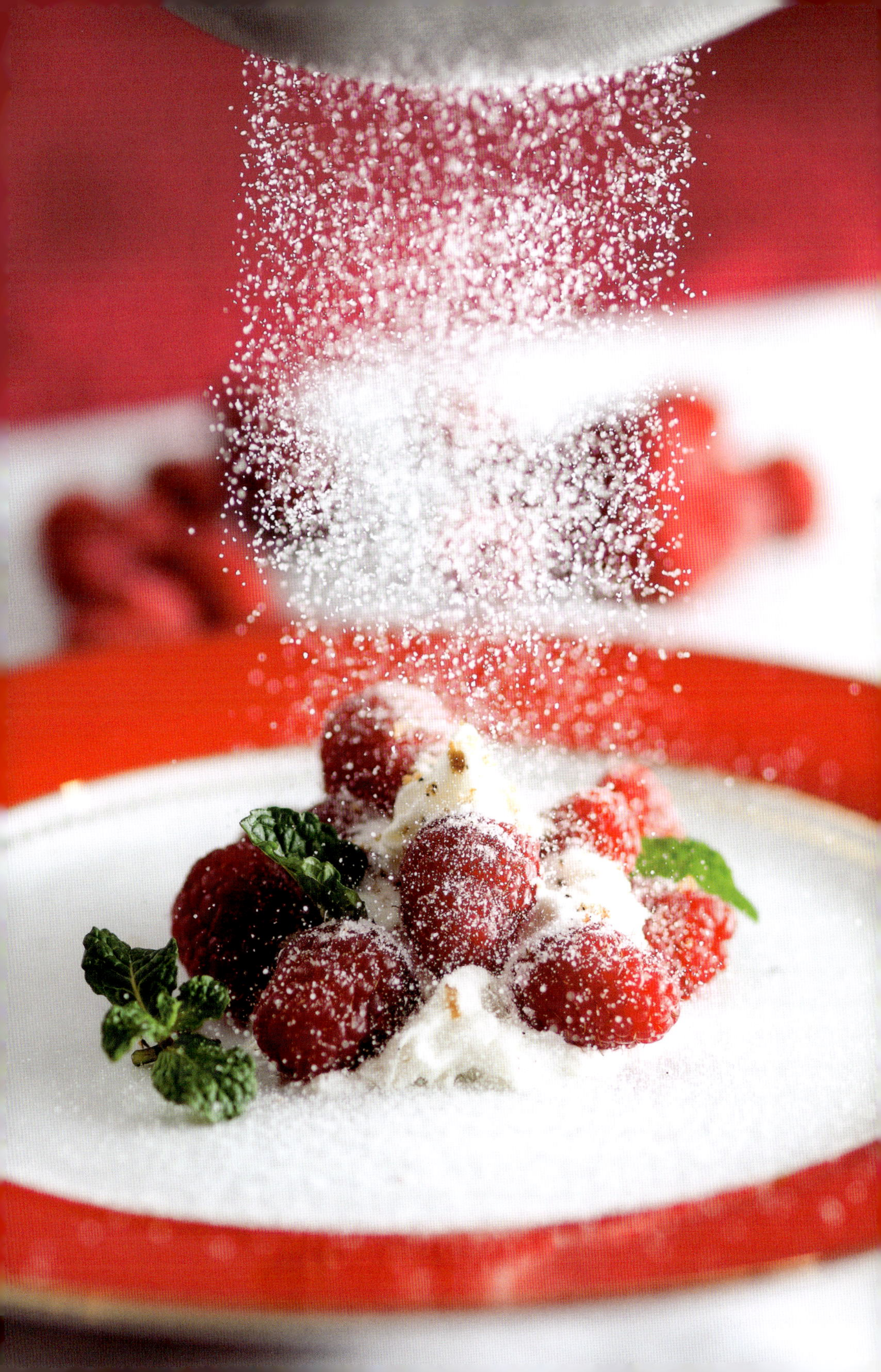

Gourmand

Por definição, uma pessoa gourmand gosta de comer. Isso já deve ser raro em uma mulher, porque, hoje em dia, encontrar um ser do sexo feminino que se joga num prato de feijoada, rabada ou buchada de bode é acertar na loteria. A maioria fica mesmo no peito de frango grelhado com legumes no bafo.

Mas se você, que gosta de cozinhar, deu a sorte de encontrar uma gulosa na sua vida, só lhe resta ensinar para essa moça que a quantidade pode estar muito bem associada a qualidade. Tente fazê-la esquecer aquele croquete de carne de segunda que dá *sustância* ou aquela gororoba que ela ama e nem seu gato come. Mostre a ela seus dotes culinários com um belo cardápio italiano.

Jantar com um gourmand tem de ter fartura e comida fácil de comer. Nada de escargot ou aquela folha que você tem de dobrar feito uma camisa de seda. Gourmand não se preocupa com a balança, mas também não é o tipo que tira um soninho depois do rango, portanto, meu amigo, se você for comer tanto quanto ela, cuidado, senão você vai ter que trocar o cafezinho do final por um Viagra diluído no sal de frutas.

Se essa mulher não sair satisfeita da sua casa, com certeza a culpa não foi da comida. Resta saber se aquele botão arrebentado da calça jeans foi culpa sua ou da lasanha.

Menu para a gourmand

Bruschetta de cogumelos
Clássico italiano, *comfort food*

Lasanha a minha moda
Até o Garfield ama, imagine sua gata

Tiramisù
Literalmente significa "me levante, então"

Harmonização
Sauvignon blanc

Bruschetta de cogumelos

Ingredientes

2 fatias de pão italiano
2 cogumelos Portobello (ou o cogumelo que você encontrar fresco)
1 dente de alho
1 colher (de sopa) de manteiga
1 colher (de chá) de creme de leite fresco
1 colher (de chá) de salsa picada
Folhas de manjericão
Cebolinha
Azeite de oliva a gosto
Sal e pimenta-do-reino a gosto

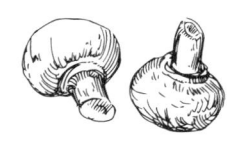

Modo de preparo

Grelhe as fatias de pão numa chapa por cerca de 2 minutos cada lado, até que fiquem marcadas e crocantes.

Esfregue um dente de alho dos dois lados e tempere com azeite, sal e pimenta.

Aqueça uma frigideira com a manteiga e um fio de azeite.

Corte os cogumelos em pedaços menores e doure na panela.

Junte o creme de leite e a salsa.

Cubra cada fatia de pão com os cogumelos refogados.

Tempere com sal, pimenta-do-reino, regue com o azeite e decore com algumas folhas de manjericão e cebolinha.

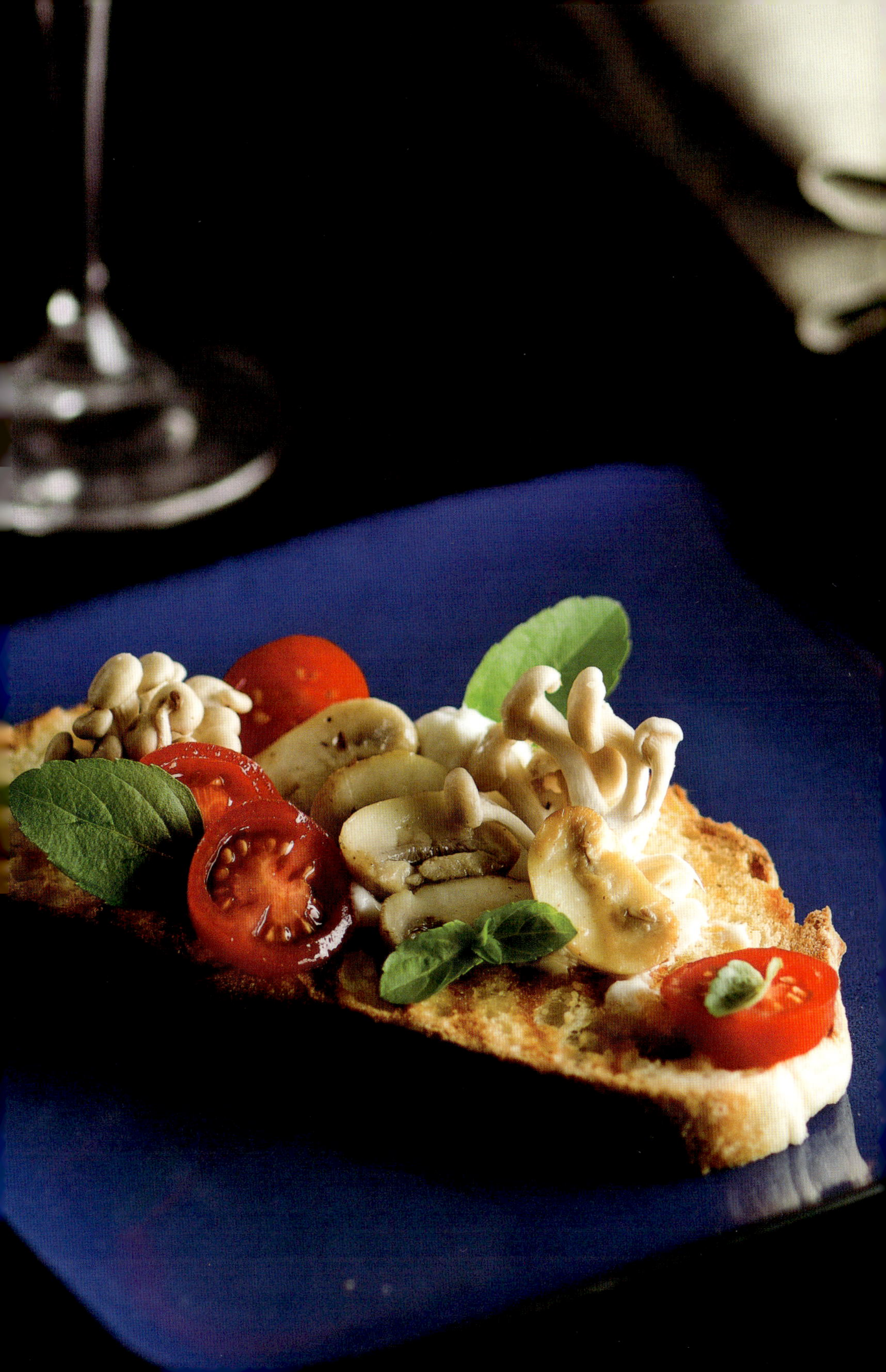

Lasanha a minha moda

Ingredientes

500 g de carne moída
200 g de ricota fresca
200 g de cream cheese
3 xícaras de creme de leite fresco
1 colher (de sopa) de salsinha picada
1 colher (de sopa) de manjericão picado
500 g de massa para lasanha pré-cozida (ou tradicional, mas aí capriche no molho)
2 colheres (de sopa) de queijo parmesão ralado
1 colher (de sopa) de cebola picada
1 colher (de sopa) de alho picado
2 latas de tomate pelado
1 colher (de sopa) de azeite
Sal e pimenta-do-reino a gosto

Modo de preparo

Misture a ricota, o creme de leite, o cream cheese, a salsinha e o manjericão, tempere com sal e pimenta e reserve.

Esquente uma panela com um fio de azeite, doure a cebola e o alho, junte a carne e refogue bem, até secar.

Adicione o tomate pelado e tempere com sal e pimenta.

Monte a lasanha num refratário (ou compre uma assadeira de alumínio descartável para não ter de limpar a sujeira), alternando camadas de massa e de recheio até acabarem os ingredientes.

Cubra com queijo ralado e leve ao forno médio por 30 minutos (ou até dourar).

Tiramisù

Ingredientes

500 g de queijo mascarpone (ou ricota cremosa)
12 biscoitos champanhe
3 gemas
1/2 xícara de açúcar
60 ml de rum
1/2 xícara de café forte (pode ser solúvel mesmo)
Chocolate em pó para polvilhar

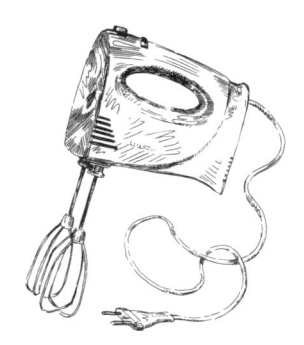

Dica do Guga

Essa receita faz mais de 4 porções – a ideia é comer mais um pouco de madrugada, ou mesmo no café da manhã, com um cafezinho ou uma boa taça de espumante.

Modo de preparo

Misture o rum com o café.

Molhe o biscoito (hahaha) na mistura bem rápido e só de um lado, para que não fique mole.

Pegue uma travessa e forre o fundo com os biscoitos molhados.

Bata as gemas com o açúcar na batedeira (ou na mão mesmo, se estiver animado) até formar um creme claro e então misture o mascarpone.

Espalhe esse creme sobre os biscoitos e repita a operação, alternando as camadas, até completar a travessa.

Leve à geladeira por no mínimo 5 horas.

Na hora de servir, polvilhe bastante chocolate em pó por cima.

Gourmet

Uma menina gourmet é difícil de agradar, porque o nível dela é alto. Ela sempre sabe muito bem o que está comendo. Pelo menos de garfo e faca.

Acostumada a comer em grandes restaurantes, conhece os melhores chefs do planeta. Você pode imaginar uma mulher que troca um shopping por um restaurante? A gourmet troca. Entendeu agora o nível dela?

Uma gourmet do sexo feminino geralmente está bem na vida, e uma mulher assim sabe o que é bem-feito, sabe o que tem naquele prato e é capaz de sentir o sabor de cada tempero, por isso, se você errar a mão na hora de cozinhar para uma mulher assim, não tente consertar. Coloque na geladeira para você ter o que comer no dia seguinte e peça uma boa pizza. Porque gourmet gosta de qualidade, de coisa boa, e isso não quer dizer necessariamente luxo. Quer dizer bom gosto.

Menu para a gourmet

Salada Cyclades
Salada de figos grelhados com queijo de cabra, rúcula, pistache e azeite aromatizado

Atum mi-cuit
Atum em crosta de gergelim com vagens sautée e purê de inhame

Clafoutis simples
Clássica sobremesa francesa, vale por um cafuné

Harmonização
Champanhe brut ou um bom espumante nacional

Salada Cyclades

Ingredientes

200 g de queijo de cabra
2 figos abertos ao meio e grelhados
Rúcula
Folhas de beterraba
2 colheres (de sopa) de pistache
1 xícara de azeite
1 colher (de chá) de mel
2 unidades de anis-estrelado
1 limão-siciliano

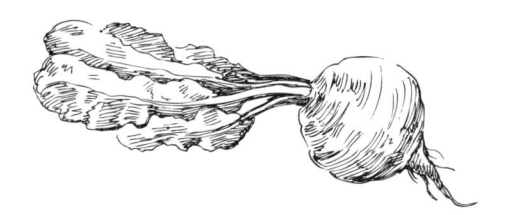

Modo de preparo

Azeite

Raspe a parte amarela do limão (cuidado para não usar a parte branca que amarga) e o anis-estrelado, junte ao azeite e leve ao fogo só para amornar.

Retire do fogo e deixe aromatizando de um dia para o outro.

Salada

Grelhe os figos e monte a salada com as folhas temperadas com azeite, mel, sal e pimenta.

Guarneça com o queijo e o pistache e regue com o azeite aromatizado.

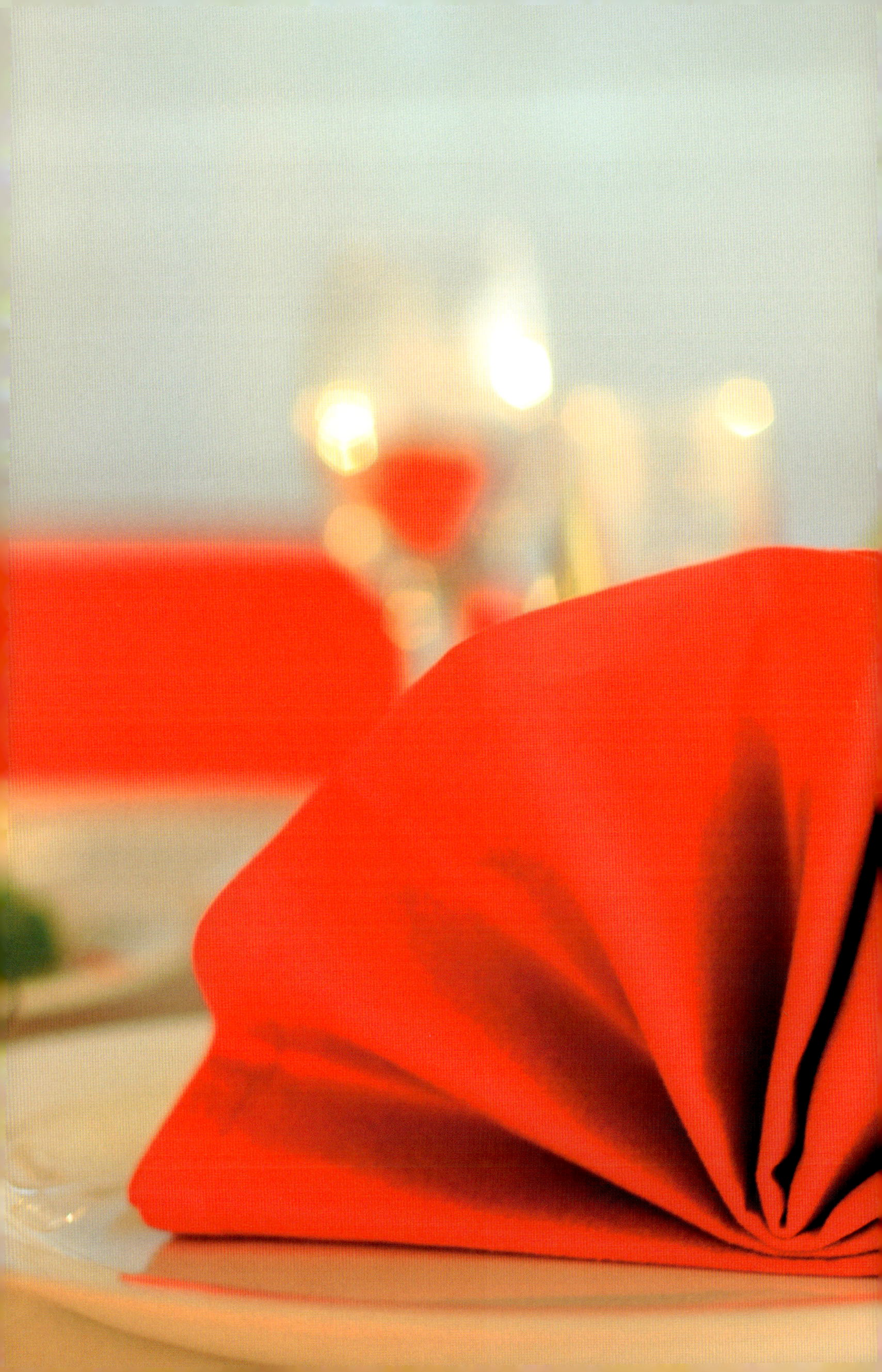

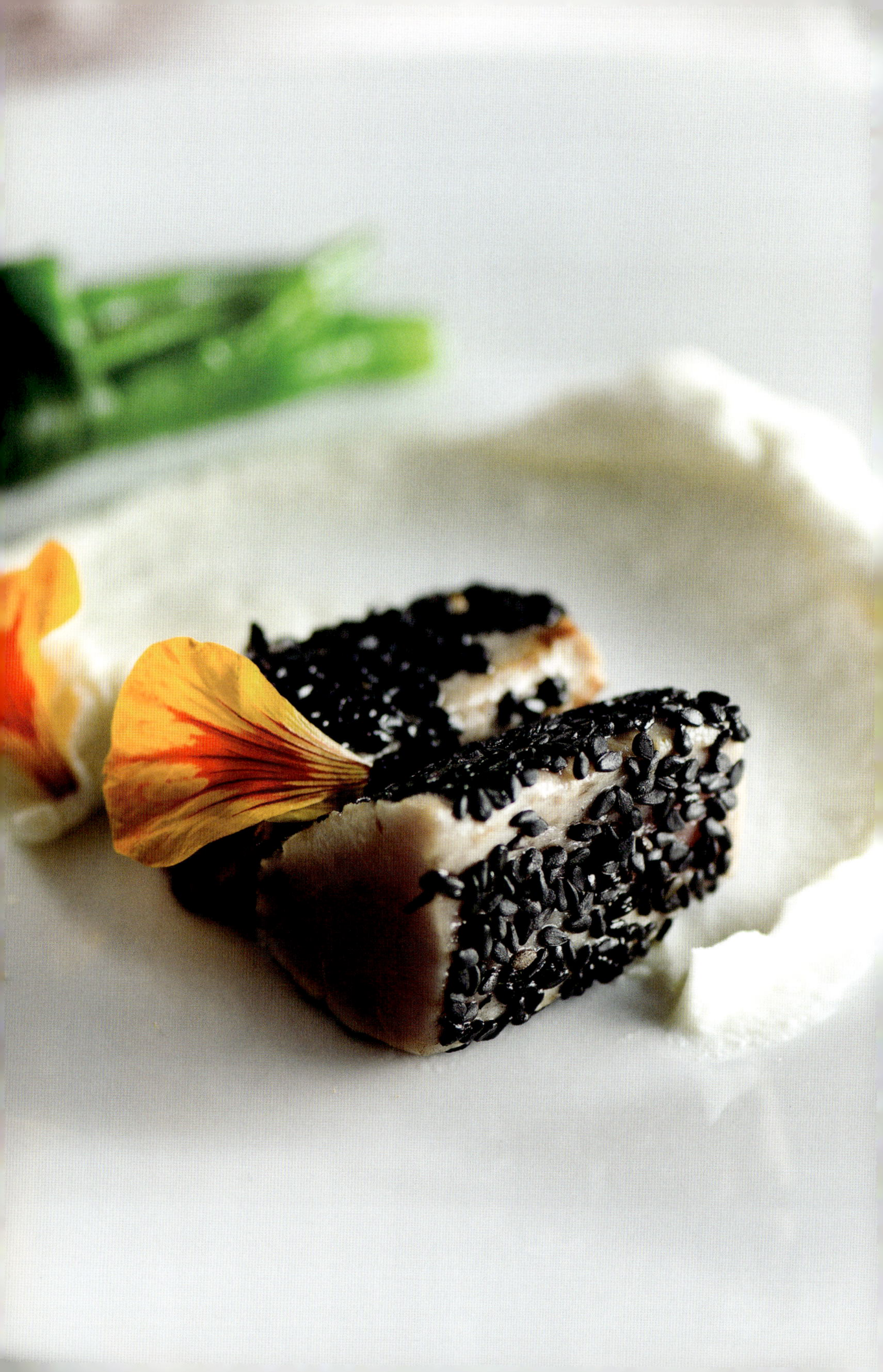

Atum mi-cuit

Ingredientes

400 g de atum (peça ao peixeiro que corte em medalhões de 200 g)
1 colher (de sopa) de mel
2 colheres (de sopa) de gergelim preto
2 colheres (de sopa) de gergelim branco
2 dentes de alho picados em pedaços pequenos
1 colher (de sopa) de óleo de gergelim torrado
1 colher (de sopa) de manteiga
Sal e pimenta-do-reino a gosto

Vagens sautée
160 g de vagem francesa
1 colher (de sopa) de vinagre de maçã
1 colher (de chá) de manteiga
2 cebolinhas (passadas por um minuto na água quente)
Sal e pimenta-do-reino a gosto

Purê de inhame
300 g de inhame
1 colher (de sopa) de manteiga
1/2 xícara de leite
Sal a gosto

Atum mi-cuit (cont.)

◀ Modo de preparo

Esfregue o mel nos medalhões e tempere com sal e pimenta.

Envolva o atum com o gergelim preto e branco misturados.

Ponha numa frigideira a manteiga e o óleo de gergelim e deixe esquentar. Frite um pouco todos os lados do atum.

Retire e seque em uma toalha de papel.

Vagens sautée

Na mesma panela que usou para fritar o peixe, junte as vagens, a manteiga e o vinagre.

Quando as vagens mudarem de cor, estão prontas.

Faça dois maços e amarre-os com a cebolinha (passe a cebolinha na água quente) para apresentação.

Purê de inhame

Descasque os inhames e coloque numa panela, cobrindo-os com água.

Leve ao fogo alto e cozinhe por 15 minutos ou até que fiquem macios.

Retire os inhames da água, amasse bem (com garfo, mixer, espremedor de batatas, tanto faz) e leve a uma panela junto com a manteiga e o leite.

Deixe aquecer, mexendo sempre.

Acerte o sal.

Passe por uma peneira para que fique mais lisinho.

Clafoutis simples

Ingredientes

1 xícara de frutas vermelhas (ou a fruta que quiser; com manga fica ótimo)
3 ovos
6 colheres (de sopa) de açúcar
2 colheres (de sopa) de farinha de trigo
1 fava de baunilha
1/2 xícara de creme de leite fresco

Modo de preparo

Preaqueça o forno em temperatura média (180 ºC).

Unte uma travessa refratária com manteiga.

Forre a travessa com as frutas com a face cortada virada para baixo (no caso de cerejas, por exemplo).

Bata os ovos como se fosse fazer omelete, junte o açúcar e bata bem.

Junte a farinha de trigo e continue batendo.

Retire as sementes da baunilha, junte-as ao creme de leite, misture à massa e vá batendo, até conseguir uma massa homogênea.

Derrame essa massa sobre as frutas e leve ao forno. Deixe assar por 30 minutos ou até dourar.

Retire do forno, ainda quente, e polvilhe com açúcar.

Grávida

Se você está querendo fazer um carinho no barrigão da sua mulher, nada melhor do que alimentá-la muito bem nesse período em que ela está 24 horas com fome.

Mulher grávida é fácil de agradar, mas não exagere, porque, se ela já está carregando um peso a mais, não vá fazer com que ainda tenha que suportar mais alguns quilos de uma gororoba que ela vai levar 15 horas para digerir.

Para a mulher grávida que está enjoando até com cheiro de sabão em pó, a melhor opção é usar e abusar dos sabores cítricos.

Evite tudo que tem cheiro forte, como bacalhau ou frutos do mar, se você não quiser ver a sua mulher trocando a sua companhia pela do vaso sanitário.

Pratos muito calóricos também não agradam a quem já está de mau humor porque engordou 15 quilos nos primeiros meses de gravidez.

Comidas que adoram uma conversa depois de ingeridas você também pode evitar. Pimentões, feijão e frituras, por exemplo, ficam para depois que o rebento nascer.

Outro detalhe importante: grávidas ficam muito sensíveis a perfumes em geral nesse período, portanto, se você quiser mesmo decorar a mesa com flores para criar um clima, evite os lírios, por favor. Aliás, se eu fosse você, colocaria um belo arranjo de flor de plástico mesmo, para evitar problemas.

Menu para a grávida

Bruschettas tradicionais
Pão, tomate, manjericão, azeite e tá lindo!

Truta saudável com velouté de ervilha
Colorido, cheio de vitaminas e gostoso pacas

Bolo de banana
Receita de bolo com cara de casa e sabor de família

Harmonização
Chá de hibiscos

Bruschettas tradicionais

Ingredientes

6 fatias de pão italiano
3 tomates
Folhas de manjericão fresco
Sal
Azeite

Modo de preparo

Corte os tomates em cubinhos (sem sementes).

Tempere com sal e azeite.

Grelhe as fatias de pão até tostar ligeiramente.

Ponha os tomates nas fatias e decore com manjericão.

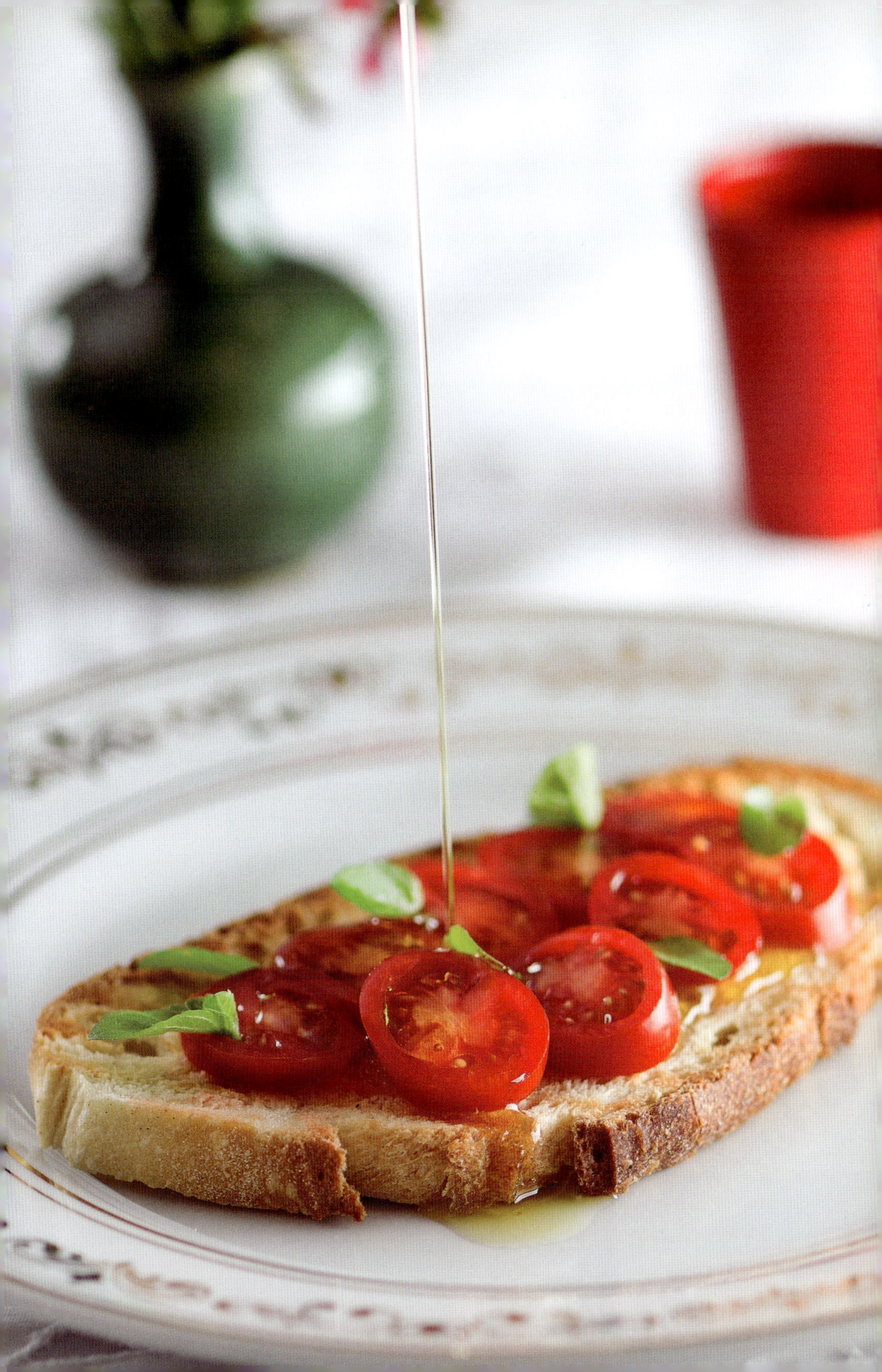

Truta saudável

Ingredientes

Truta

2 filés de truta (peça ao peixeiro que retire as espinhas)

2 limões-sicilianos cortados em rodelas

2 colheres (de sopa) de amêndoas torradas

1 colher (de sopa) de azeite

Sal e pimenta-do-reino branca

Velouté de ervilha

1 xícara de ervilhas congeladas

1 xícara de caldo de legumes (faça o seu com salsão, cenoura e cebola)

1 dente de alho

1 colher (de sopa) de manteiga

1 colher (de sopa) de creme de leite fresco

Sal e pimenta-do-reino branca

Modo de preparo

Truta

Tempere os filés com sal e pimenta.

Forre o fundo de uma assadeira com as rodelas de limão, disponha os filés por cima e regue com azeite.

Cubra com papel-alumínio e leve ao forno médio por 20 minutos.

Retire do forno e salpique as amêndoas.

Velouté de ervilha

Cozinhe as ervilhas com o alho no caldo fervente por 15 minutos.

Coe o caldo e bata as ervilhas com o alho no liquidificador até obter um purê liso.

Acrescente um pouco do caldo de legumes para obter uma consistência mais líquida.

Coe o purê novamente para que fique bem liso.

Aqueça, em uma panela, a manteiga e o creme de leite.

Acerte o sal e a pimenta.

Bolo de banana

Ingredientes

1 tablete de manteiga (200g)
1 xícara de açúcar
2 ovos
3 bananas-nanicas amassadas
2 xícaras de farinha de trigo
1 colher (de chá) de bicarbonato de sódio
1 colher (de sopa) de fermento químico em pó
1/2 colher (de chá) de sal
1 colher (de chá) de canela

Modo de preparo

Passe por uma peneira a farinha, o fermento, o bicarbonato e a canela. Reserve.

Em uma batedeira, misture a manteiga e o açúcar até que vire um creme claro.

Adicione os ovos e bata até obter uma consistência uniforme.

Acrescente as bananas amassadas. Junte então, aos poucos, os ingredientes secos.

Despeje a massa em uma fôrma untada e leve ao forno médio, preaquecido, por cerca de 45 minutos.

Cheque com um palito para ver se está assado.

Gringa

Pirou no *je ne sais quoi* da gringa, né?

Meu amigo, a sua sorte é que você tem uma forte aliada a seu lado: a diversidade e a riqueza da cozinha brasileira.

Toda turista que prova nossas iguarias fica de quatro no ato. É paixão instantânea. Mas tem que saber o que escolher para não assustar a gringa. Nada de turu ou içá, vatapá e outras comidas com muito dendê ou pimenta. Para quem nunca provou, podem ser de alto risco.

Partindo desse princípio, que tal um menu brasileiro leve e colorido, que mostre nossas raízes e ao mesmo tempo seja suave e tropical, como ela imagina?

E já que a moçoila não conhece o sabor de um prato típico brasileiro, se o arroz sair em bloco ou o camarão virar um bumerangue, ela nem vai notar. Você diz que é assim mesmo, típico da tribo dos tchica laca tchica do Acre.

Uma boa dica é criar um clima também. Para isso, ataque de MPB que não tem erro: Tom Jobim, Elis Regina, João Gilberto, Chico Buarque, Djavan, Luiz Gonzaga, Caetano, Gil, Elza Soares, Milton Nascimento, Zeca Baleiro, Bebel Gilberto, Ed Motta, Mallu Magalhães...

Enfim, música brasileira boa com comida boa não tem erro.

E se tudo der certo, no finalzinho, mostre para ela o que é o nosso funk e faça a gringa descer até o chão! Chão, chão, chão!

Menu para a gringa

Palmito pupunha assado
Simples e delicioso palmito ao forno com azeite

Peixe tropical
Filé de peixe com farofa de banana frita e purê de mandioquinha ao molho de açaí

Tapioca Romeu e Julieta
Clássicos combinados que dão certo até pra marcianas

Harmonização
Caipirinha de limão-cravo

Palmito pupunha assado

Ingredientes

1 palmito pupunha fresco na casca
1 colher (de sopa) de azeite de oliva
1 colher (de sopa) de manteiga
1 colher (de sopa) de salsinha picada
1 colher (de chá) de sumo de limão
1 colher (de chá) de alcaparras
Sal e pimenta-do-reino branca

Modo de preparo

Abra o palmito ao meio e pincele com azeite.

Tempere com sal e pimenta.

Envolva em papel-alumínio e leve ao forno médio por 20 minutos.

Misture a manteiga com as alcaparras, a salsinha e o sumo de limão.

Retire o papel, passe essa mistura de manteiga no palmito e deixe mais 10 minutos no forno.

Tire do forno, corte os pedaços e sirva na própria casca.

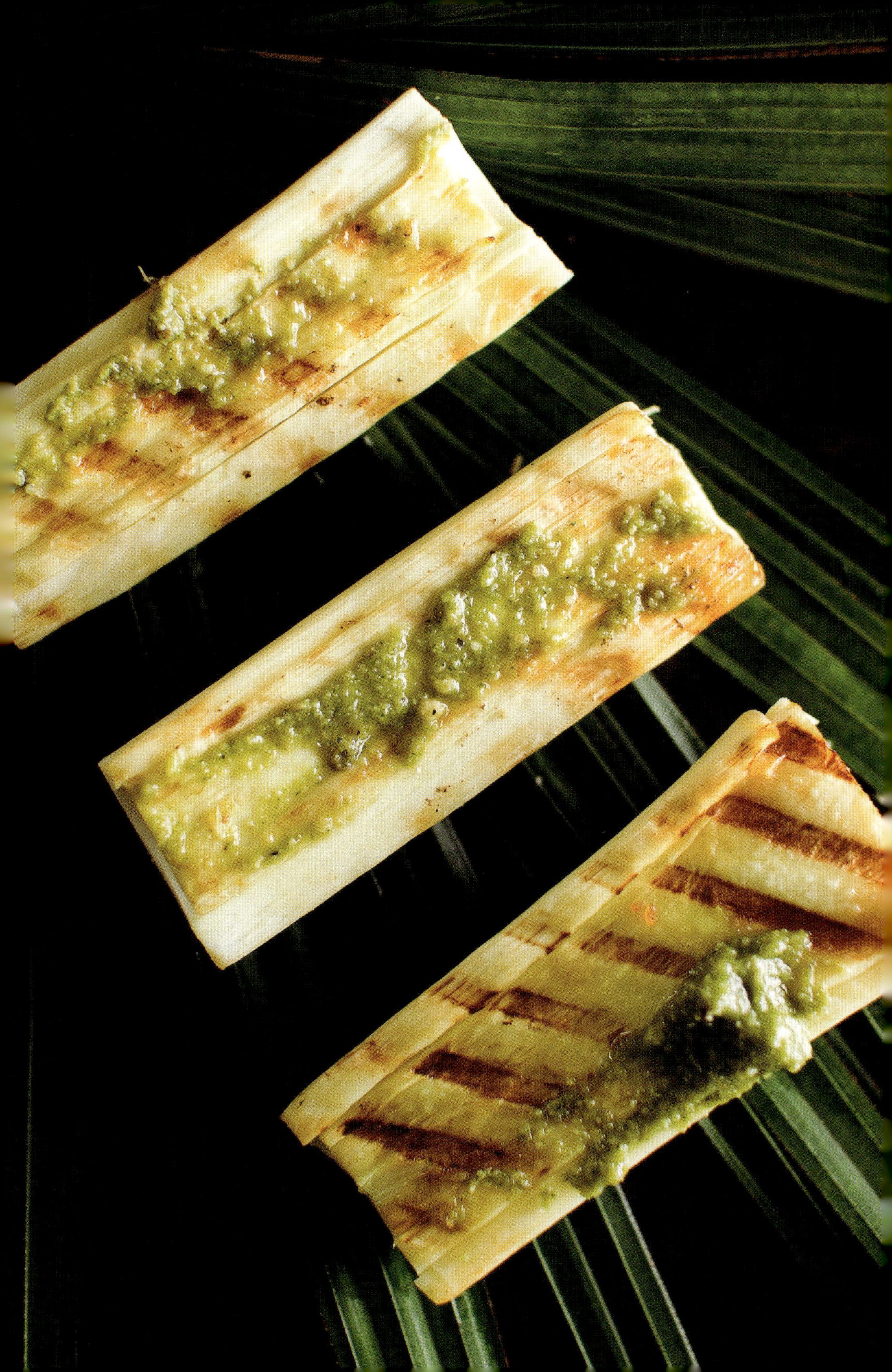

Peixe tropical

Ingredientes

Filé de peixe

2 filés de peixe (aprox. 200 g cada)
1 colher (de sopa) de farinha de trigo
Sal e pimenta-do-reino a gosto
Óleo de milho ou canola para fritar

Farofa de banana frita

2 bananas-pratas cortadas em cubos
1 xícara de farinha de mandioca
1 colher (de sopa) de manteiga
1 colher (de sopa) de cebola roxa bem picadinha
1 dente de alho picadinho

Modo de preparo

Filé de peixe

Tempere o filé de peixe com sal e pimenta.

Passe os filés na farinha e frite-os no óleo. Reserve.

Farofa de banana frita

Derreta a manteiga e doure o alho e a cebola.

Junte a banana e deixe dourar.

Adicione a farinha e torre para deixar bem crocante.

Molho de açaí

Misture todos os ingredientes, menos o amido de milho, e leve ao fogo, mexendo sempre.

Quando ferver, adicione o amido dissolvido em 2 colheres (de sopa) de água e deixe cozinhar até começar a ficar mais denso.

Junte a manteiga e reserve.

Molho de açaí

1 xícara de polpa de açaí congelada

1 xícara de caldo de legumes (faça o seu com cenoura, cebola e salsão)

1 colher (de sopa) de molho de soja

1 colher (de sopa) de açúcar

1 colher (de chá) de amido de milho (para engrossar)

1 colher (de sopa) de manteiga

Purê de mandioquinha

200 g de mandioquinha

1 xícara de creme de leite fresco

1 colher (de sopa) de manteiga

Sal e pimenta-do-reino branca

Purê de mandioquinha

Corte a mandioquinha em pedaços, ponha numa assadeira com papel-alumínio e asse em forno médio até ficar macia.

Passe a mandioquinha ainda quente no espremedor.

Leve ao fogo a mandioquinha espremida, o creme de leite e a manteiga, mexendo até dar o ponto.

Acerte o sal e a pimenta.

(Para uma preparação mais lisa, passe no processador, liquidificador ou numa peneira.)

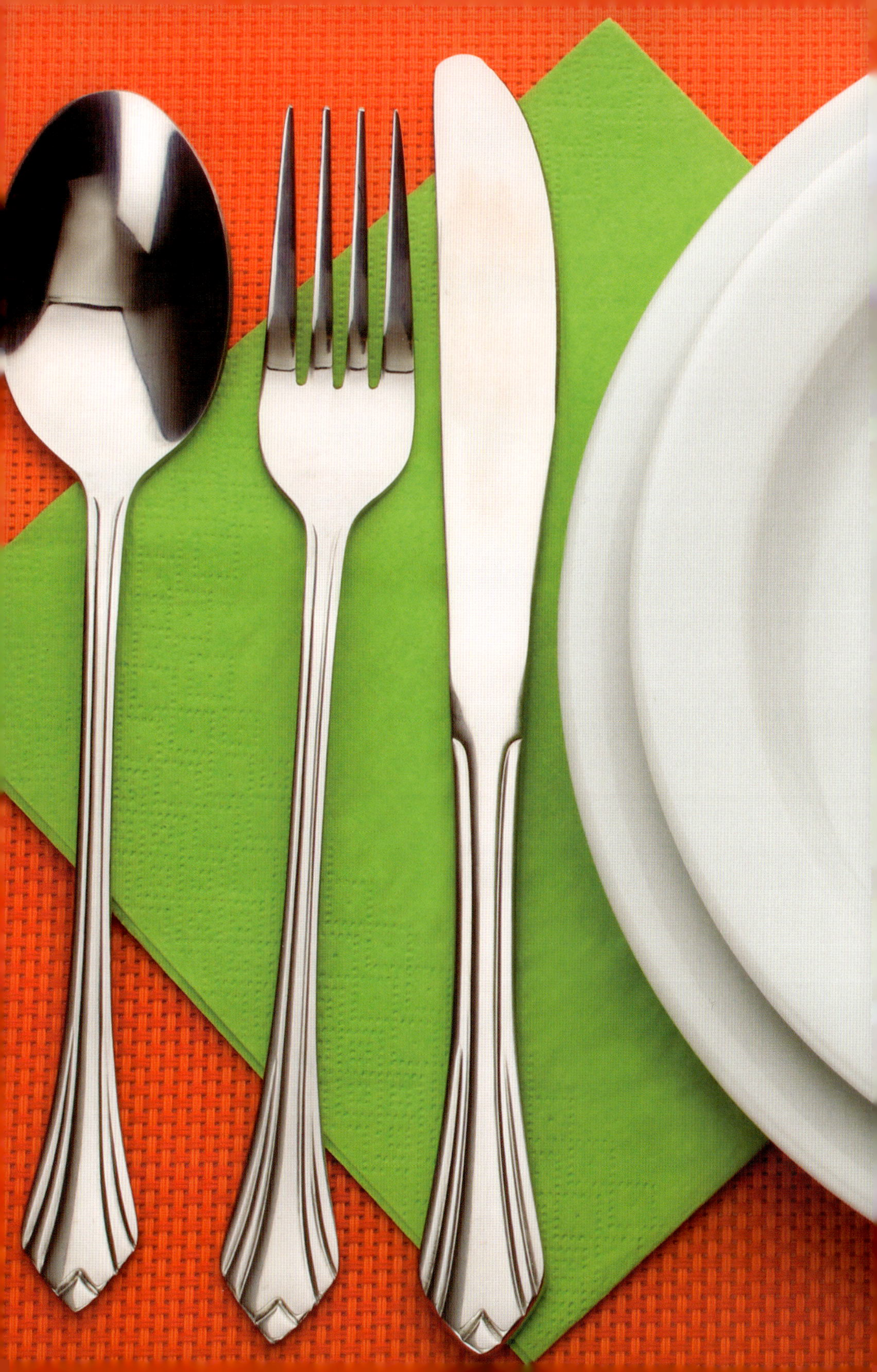

Tapioca Romeu e Julieta

Ingredientes

2 xícaras de massa para tapioca (procure no supermercado ou numa loja de produtos nordestinos)

2 colheres de goiabada cremosa

4 fatias de queijo de coalho

Modo de preparo

Polvilhe a goma para tapioca, com uma peneira, em uma frigideira antiaderente, para formar uma camada uniforme. Deixe cozinhar até ficar unida como um crepe e vire.

Espalhe uma camada uniforme de goiabada por cima da tapioca e cubra com queijo.

Feche a tapioca e cozinhe mais um pouco, virando-a para que o queijo derreta um pouco.

Hipocondríaca

Ela tem crediário na farmácia, sabe a diferença entre dipirona e paracetamol, carrega um litro e meio de álcool em gel na bolsa e soletra ácido acetilsalicílico sem errar?

Meu amigo, lamento informar, mas você está querendo pegar uma hipocondríaca.

Essa mulher só fala de doença. Tudo o que você diz que tem, ela já teve, vai ter ou conhece alguém que tem. E, no caso, é muito mais grave.

Ela é amiga do fisioterapeuta, conhece o melhor acupunturista da cidade e fez mil tratamentos para aquela dor no ciático que rebate no pé.

Bom, se mesmo assim você está a fim dela, a dica que eu posso te dar é não servir nada cru nem que se tenha de comer com as mãos. Tudo nesse jantar deve ser descartável, a toalha, impecável, e nem pensar em servir salada, frutos do mar e doces: as folhas podem não estar bem lavadas, frutos do mar podem não estar frescos e açúcar mata.

Para conquistar uma hipocondríaca você deve fazer um jantar leve e saudável. Uma canjinha de galinha, um arrozinho integral, um peixinho bem assado e verduras e legumes cozidos.

E esqueça o álcool, porque com certeza ela vai te dizer que está tomando antibiótico.

Sirva água sem gelo, porque gelada dá dor de garganta, e suco de acerola, rico em vitamina C, para evitar resfriado.

E se depois desse jantar incrível você conseguir chegar aos "finalmentes" com a hipocondríaca, feche a janela pra não tomar friagem na bunda! É gripe na certa.

Menu para a hipocondríaca

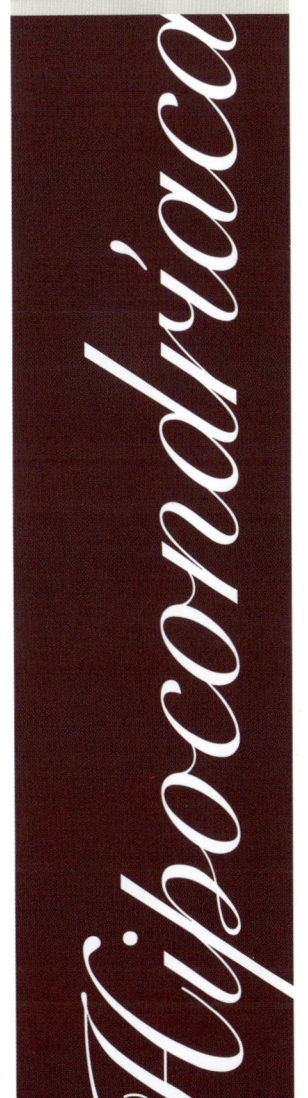

Sopinha saudável de quinoa
Uma sopa que é saúde na certa

Peito de frango ao limão com cevadinha
Vitamina C e fibra pra beijar muito na boca

Túnis
Leve e energética, essa sobremesa é um santo remédio

Harmonização
Água com gás

Sopinha saudável de quinoa

Ingredientes

500 ml de caldo de legumes
1 cenoura picada em cubos
1 abobrinha picada em cubos
1 cebola picada miudinho
1 dente de alho picado
1 xícara de quinoa
1 colher (de sopa) de salsinha picada
1 xícara de brotos de agrião
1 fio de azeite de oliva extravirgem
Sal e pimenta-do-reino a gosto

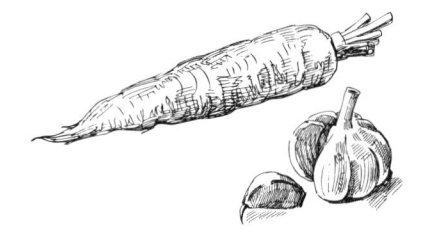

Modo de preparo

Aqueça o azeite e refogue levemente a cebola e o alho.

Junte a cenoura, a abobrinha e a quinoa e refogue bem.

Junte o caldo de legumes e deixe ferver por 15 minutos ou até que a quinoa fique macia.

Junte a salsinha e acerte o sal e a pimenta.

Decore com miniagrião e sirva.

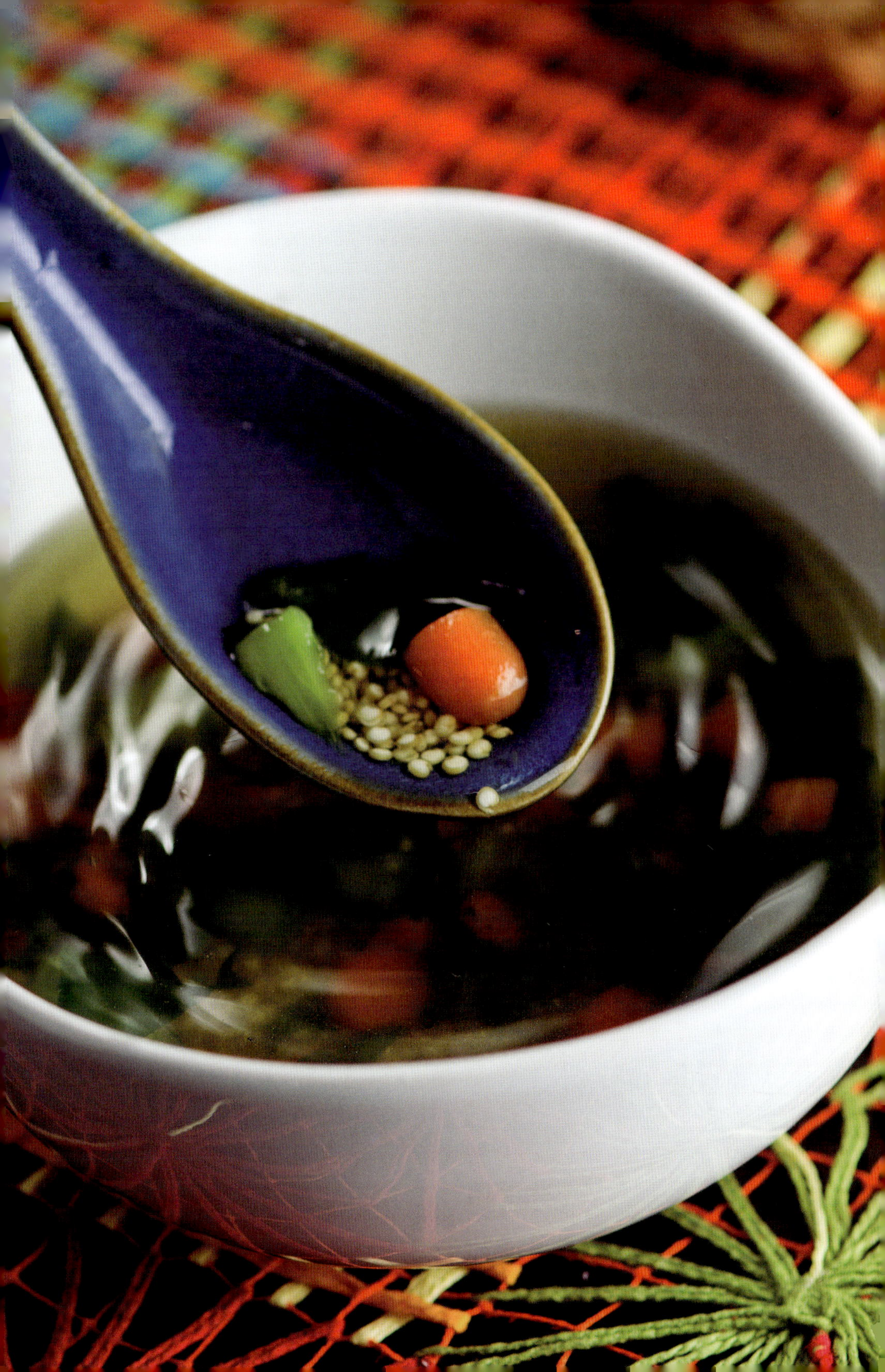

Peito de frango ao limão com cevadinha

Ingredientes

2 filés de peito de frango sem pele (aprox. 200 g cada um)
2 xícaras de cevadinha
1 colher (de sopa) de azeite de oliva
100 g de alho-poró
80 g de tomate-cereja
1 limão
Sal marinho a gosto
1 colher (de chá) de óleo de canola
Brotos ou ervas para decorar

Modo de preparo

Esprema uma das metades do limão sobre o frango.

Tempere com sal e reserve.

Em uma frigideira pequena, em fogo médio, esquente o óleo de canola e ponha os filés de frango.

Quando os filés estiverem fritando, adicione o alho-poró e frite cada lado dos filés até dourar.

No final, junte os tomates-cereja e o sumo da outra metade do limão e termine de cozinhar com a panela tampada em fogo baixo, até o frango estar cozido por dentro.

Cevadinha
Lave os grãos de cevadinha e deixe de molho na água por 20 minutos. Escorra.

Aqueça 6 xícaras de água com sal e junte a cevadinha.

Ao iniciar fervura, abaixe o fogo e cozinhe por 25 minutos ou até que fique *al dente*.

Acerte o sal e sirva.

Túnis

Ingredientes

2 potes de iogurte grego
1/2 colher (de chá) de água de flor de laranjeira
1 colher (de chá) de sementes de linhaça dourada
5 tâmaras sem sementes picadas

Modo de preparo

Misture o iogurte com a água de flor de laranjeira e as tâmaras picadas.

Salpique a linhaça dourada e sirva.

Intolerante a glúten

Essa é uma mulher difícil. Ela não come um monte de coisa, e nesse caso ela pode incluir você.

Tome cuidado, porque o glúten faz parte de muitos produtos, e se você por acaso usar algum ingrediente errado com uma mulher que sofre de doença celíaca, sua noite com certeza vai acabar na cama, mas do hospital.

Para não errar, o melhor a fazer é perguntar para a donzela, no momento em que você convidá-la para jantar na sua casa, se ela é alérgica ou intolerante a algum produto.

Mas, aqui entre nós, acredito que você também deva ter dúvidas sobre a diferença entre alergia e intolerância.

Por experiência própria, eu deduzi que a alergia é mais grave: a pessoa pode até cantar pra subir. Já a intolerância vai dar um belo de um piriri, ou só uma dor de barriga, uma coceira, gases e mal-estar. Acredito que não mata. De qualquer maneira, as duas opções irão estragar seus planos e sua noite, portanto, fique atento a dois detalhes importantes: o glúten e o glúteo!

Menu para a intolerante a glúten

Beijo de beiju
Beiju de tapioca com queijo edam e brotos

Carré de cordeiro
Carré de cordeiro com salada da horta

Bolo de coco delícia
Um bolinho que vale a pena fazer

Harmonização
Cabernet sauvignon

Beijo de beiju

Ingredientes

2 xícaras de massa para tapioca
250 g de queijo edam (sem glúten)
Sal e pimenta a gosto
Manteiga
Brotos

Modo de preparo

Polvilhe a goma para tapioca em uma frigideira antiaderente, com o auxílio de uma peneira, para formar uma camada uniforme. Deixe cozinhar, tempere com o sal, vire e termine a cocção.

Coloque a preparação anterior em uma assadeira com os pedaços de queijo edam e leve ao forno alto para gratinar.

Na hora de servir, decore com brotos ou ervas frescas para dar um charme.

Carré de cordeiro

Ingredientes

800 g de carré de cordeiro (peça ao açougueiro que corte no estilo francês)

4 minicenouras (ou cenoura cortada em palitos)

4 minimilhos (pode ser em conserva, mas fresco é melhor)

2 rabanetes (cortados em lâminas)

4 tomates-cereja

2 ervilhas-tortas

1 beterraba (cortada em pedaços)

1 colher (de sopa) de manteiga

1 colher (de sopa) de vinho branco

1 colher (de sopa) de água

Sal e pimenta-do-reino

Ervas frescas (hortelã, salsinha crespa, tomilho...)

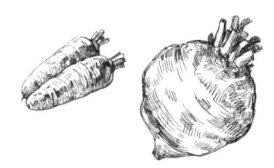

Modo de preparo

Tempere os carrés com sal e pimenta e doure-os numa frigideira com um pouco de manteiga.

Aqueça uma panela e junte a manteiga, a água, o vinho branco e tempere com sal e pimenta.

Junte os legumes a esse caldo (menos a beterraba, que deve ser cozida separadamente para que não deixe todos os legumes roxos, e o rabanete, que deve ser servido cru).

Cozinhe por 5 minutos e retire os legumes *al dente*. Reserve o caldo.

Na panela onde selou os carrés, jogue o caldo em que cozinhou os legumes e solte todo o sabor do cordeiro que ficou grudado na panela.

Coe o caldo, reduzindo-o pela metade, e sirva como molho da carne.

Decore com as ervas frescas.

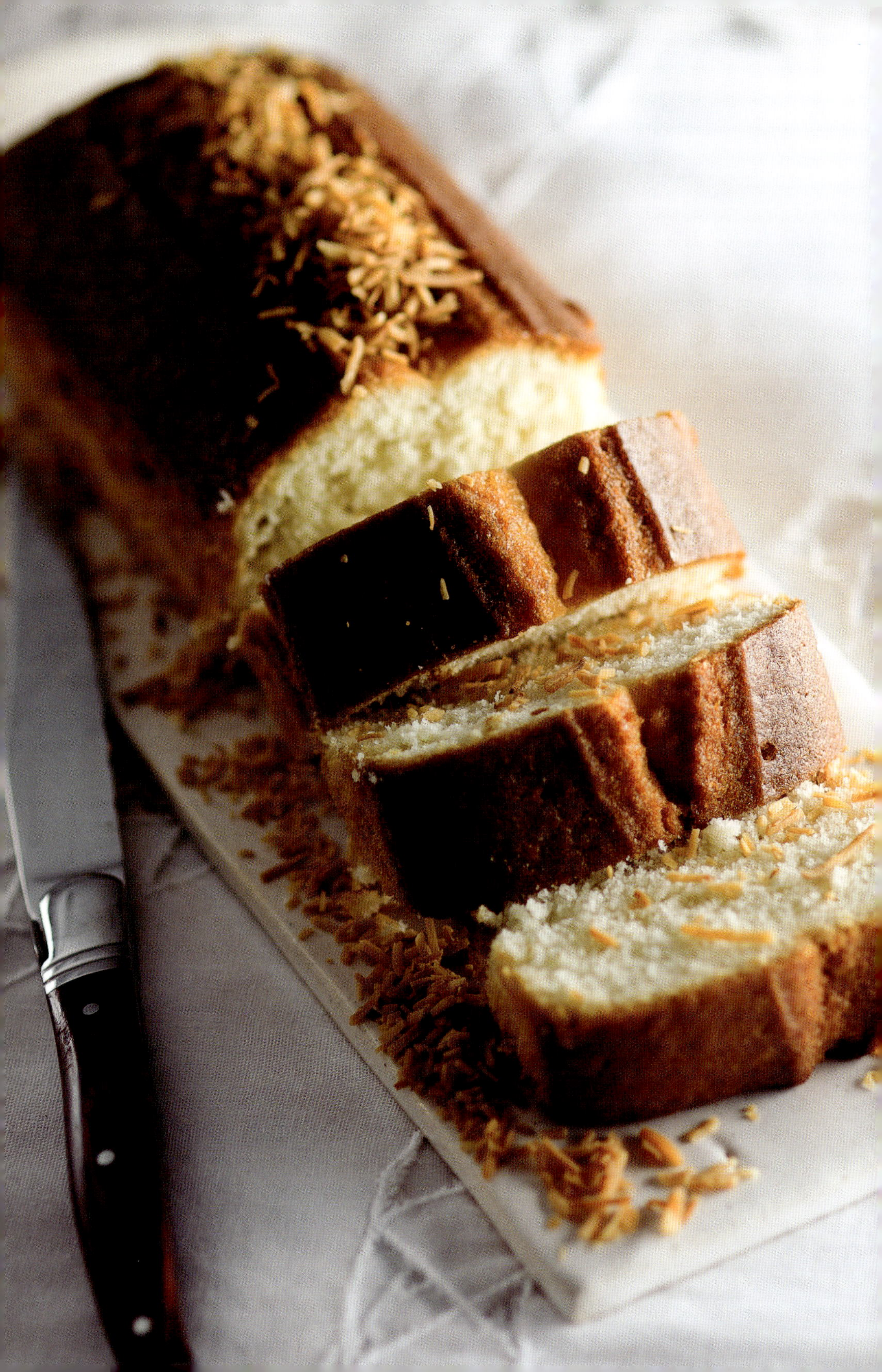

Bolo de coco delícia

Ingredientes

1 xícara de farinha de arroz

1 colher de fermento em pó

200 g de coco ralado

1 xícara de óleo de canola

200 ml de leite de coco

2 xícaras de açúcar

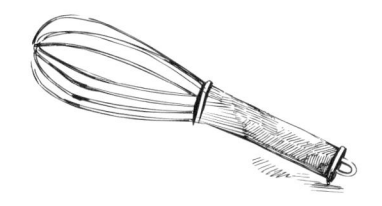

Modo de preparo

Em uma tigela, coloque a farinha de arroz, o fermento e o coco ralado, misture e reserve.

Leve os outros ingredientes ao liquidificador e bata até obter uma mistura homogênea.

Com uma colher, misture delicadamente o conteúdo batido aos ingredientes da tigela.

Despeje em uma fôrma untada (com óleo) e leve ao forno médio preaquecido por 30 minutos.

Desenforme e polvilhe com coco ralado.

Intolerante a lactose

Você paquerou a mocinha, ela deu corda, foi com a sua cara e vocês estão saindo. Para agradar, impressionar e conquistar, você acaba convidando a deusa pra jantar na sua casa. Então ela te diz: "Ok, mas preciso te avisar que tenho intolerância a lactose".

Na hora você se apavora, porque nem sabe o que é lactose, mas depois de descobrir como é (com a ajuda do Google), você vai até agradecer à donzela por ter tido o bom senso de avisar.

Esqueça, caro amigo, tudo o que se refere a vaca: leite, manteiga, creme de leite, leite condensado, queijo etc.

Aí você pensa: "Já não sou um expert em cozinha e ainda tenho que dispensar o creme de leite? Que, vamos combinar, torna qualquer macarrão um luxo...".

O meu conselho nessas horas, além de muita calma, é servir uma carne, um peixe ou um bom e velho franguinho. Essa moça intolerante pode comer salada, pode comer legumes, pode comer frutas, pode comer camarão.

E, *pelamordedeus*, esqueça o sorvete de creme de sobremesa se você não quiser cometer um pênalti aos 45 minutos do segundo tempo.

Menu para a intolerante a lactose

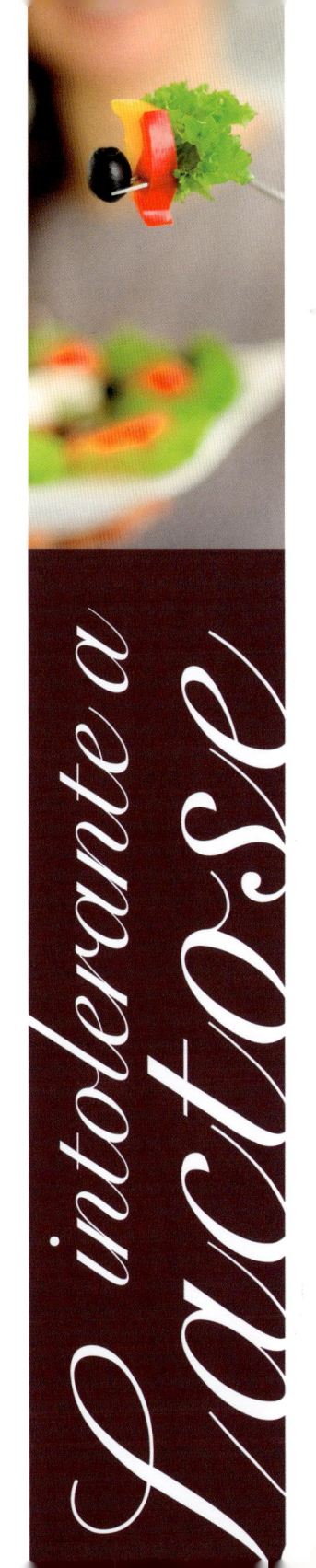

Mariscos chupa-chupa
Simples, rápidos e tão gostosos que vocês vão ficar chupando os dedos

Talharim do mar
Talharim ao molho de camarões

Quindim de iaiá
Quindim gostoso pacas e tranquilo de fazer

Harmonização
Riesling

Mariscos chupa-chupa

Ingredientes

400 g de mariscos frescos com conchas
1 dente de alho bem picadinho
1 cebola picadinha
1 tomate em cubos sem sementes
1 colher (de sopa) de salsa picada
1 colher (de sopa) de azeite de oliva
1 colher (de chá) de curry amarelo
1 xícara de vinho branco seco
Sal e pimenta-do-reino
1 limão-siciliano

Modo de preparo

Numa panela, aqueça o azeite e refogue o alho e a cebola.

Junte então o marisco, o tomate e a salsa picada.

Regue com o vinho branco e tampe a panela. Cozinhe em fogo baixo até que as conchas se abram.

Quando estiverem abertos, tempere com sal, pimenta, suco de limão e sirva.

Dica do Guga

Dê umas sacudidas na panela para acelerar a abertura das conchas. Dispense os mariscos que não abrirem, pois podem não estar bons para o consumo.

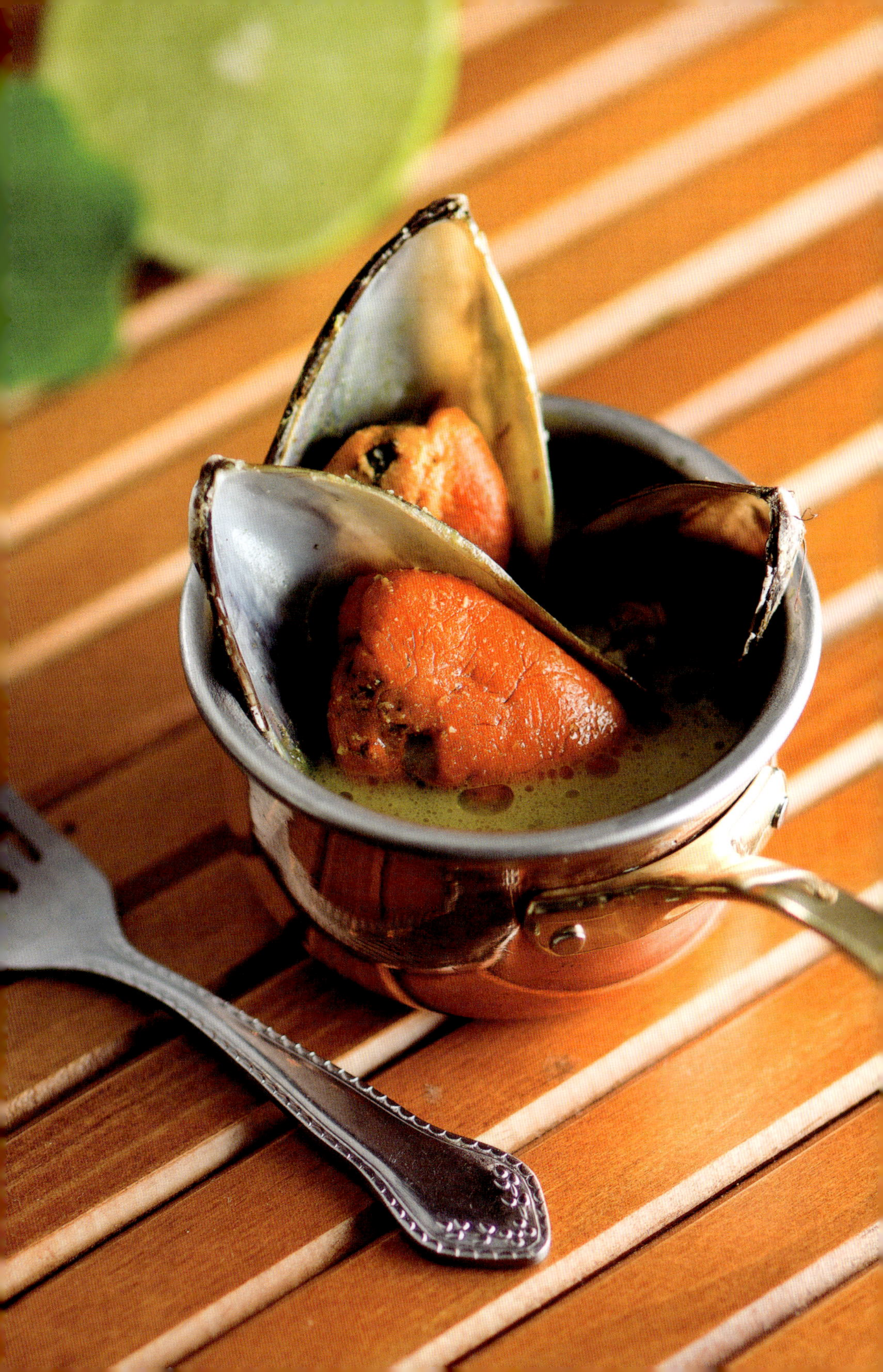

Talharim do mar

Ingredientes

300 g de camarões grandes limpos
250 g de talharim
2 tomates
1 pimentão amarelo
1 cebola roxa
1 dente de alho
2 colheres (de sopa) de azeite de oliva
1 colher (de sopa) de óleo de gergelim torrado
2 colheres (de sopa) de folhas de manjericão roxo
2 colheres (de sopa) de castanhas de caju torradas
Sal e pimenta-do-reino

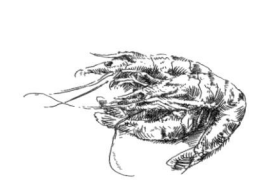

Modo de preparo

Faça um refogado com azeite, óleo de gergelim, alho, cebola, tomates e pimentão.

Junte os camarões e refogue-os rapidamente (camarão cozinha muito rápido).

Acerte o sal e a pimenta.

Cozinhe o talharim *al dente* em muita água com sal (a água deve ter gosto de mar).

Escorra o macarrão e leve-o direto ao refogado.

Polvilhe com o manjericão roxo e sirva.

Quindim de iaiá

Ingredientes

1 e 1/2 xícara de coco ralado
200 ml de leite de coco
6 ovos
4 gemas
3 xícaras de açúcar
100 g de margarina sem leite

Modo de preparo

Misture bem os ovos, as gemas, o açúcar e a margarina.

Junte o coco ralado e o leite de coco e misture bem.

Coloque a mistura em uma fôrma com furo no centro, untada e polvilhada com açúcar. Leve ao forno em banho-maria por 40 minutos.

Deixe esfriar antes de desenformar.

It girl

Tem certeza de que quer mesmo pegar uma it girl? Jura? Então, prepare-se, porque vai ser a noite mais cara da sua vida.

It girl só usa grife e repara em tudo. Portanto, pode ir se preparando para comprar uma toalha de mesa Gucci, louças Versace, copos de cristal Baccarat e, se puder, troque até aquela mesa de jantar de fórmica que você herdou da sua avó por uma Saarinen legítima.

Aparelho de som é coisa de pobre; você tem que ter um iPod tocando na sua sala.

Até seu cachorro tem que ser de raça.

Outra coisa, irmão, não vá fazer esse supermenu incrível e vestir a camisa do Corinthians de 87, sua bermuda de surfe e um chinelo velho. Faça uma presença, né? Imagine o que você irá vestir nessa noite. Mocassim de marca, calça de marca, camisa de marca e cueca de marca. Isso mesmo, capriche no modelito da cueca, porque ela vai reparar.

Quanto ao cardápio, faça o que quiser, mas diga que a entrada é uma receita legítima que você aprendeu com o chef de um resort em Montenegro, onde você passou as últimas férias. O prato principal foi servido no casamento do príncipe William e a sobremesa é uma receita que você ensinou para o Alain Ducasse.

Mostre pro Hugo quem é o Boss na cozinha!

No final da noite, quando for rolar o vuco-vuco – afinal, era isso que você queria –, não vá arrancando a roupa da mocinha feito um cachorro que fuça o lixo. Se cair um botão da blusinha dela, sua noitada vai por água abaixo. Tire com calma e pendure no cabide.

E a camisinha, meu caro, tem de ser importada. It girl que se preza é alérgica a preservativo nacional.

Menu para a it girl

Vieiras imperiais
Tartar de vieiras com romã, brotos, flores
e emulsão de limão-siciliano e espinafre

Pato à moda de Mônaco
Pato com foie gras poêlé, vagem francesa e pera ao sauternes

Neige e rubis
Musse de chocolate branco com baunilha Bourbon e
calda de cerejas frescas ao ice wine canadense

Harmonização
Champanhe brut

Vieiras imperiais

Ingredientes

4 vieiras frescas (ou congeladas, mas aí você deixa descongelar na geladeira, e não fica a mesma coisa)
1 colher (de sopa) de sumo de limão-siciliano
3 colheres (de sopa) de azeite de oliva
1 xícara de folhas de espinafre
1 colher (de sopa) de sementes de romã
Brotos
Flores comestíveis
Sal e pimenta-do-reino

Modo de preparo

Pique as vieiras na ponta da faca, tempere com sal e pimenta e reserve.

Numa panela com água quente, dê um choque nas folhas de espinafre, até que a cor mude para um verde bem vivo, então escorra e ponha num bowl com gelo para parar a cocção.

Retire as folhas do gelo e esprema bem com as mãos para retirar o excesso de água.

Bata no liquidificador junto com o azeite e o sumo de limão até obter uma emulsão bem verde e bonita. Acerte o sal e reserve.

Sirva as vieiras com essa emulsão, com a romã, e decore com os brotos e flores.

Pato à moda de Mônaco

Ingredientes

2 peitos de pato
150 g de vagem francesa
2 peras
1 cebola
1/2 xícara de sauternes
1 colher (de chá) de vinagre
1 colher (de sopa) de manteiga
Sal e pimenta-do-reino branca a gosto

Modo de preparo

Faça cortes em x na gordura do pato, mas sem chegar à carne, só para marcar.

Tempere com sal e pimenta e leve a uma panela antiaderente com a parte da gordura para baixo, em fogo médio, até derreter boa parte da gordura.

Vire o lado e sele o pato ao ponto desejado (peito de pato é bom malpassado; mais ou menos uns 4 minutos. Depende do tamanho do peito, tem de estar vermelhinho por dentro).

Retire os peitos de pato da frigideira e deixe descansar numa tábua antes de cortar. Enquanto isso, na mesma frigideira, junte a pera cortada em quatro e a cebola picada e doure levemente.

Adicione então o vinagre e o sauternes e deixe reduzir à metade.

Adicione a manteiga, tempere com sal e pimenta-do-reino e desligue o fogo.

Cozinhe a vagem na água quente até que mude de cor (ela tem de estar crocante ainda), uns 5 minutos está ótimo.

Retire e sirva temperada com sal e pimenta.

Neige au rubis

Ingredientes

Musse

200 g de chocolate branco
80 g de manteiga sem sal
300 ml de creme de leite fresco
2 favas de baunilha de Bourbon
1 colher (de sopa) de açúcar
1 colher (de sopa) de amêndoas laminadas torradas

Calda de cerejas

100 g de cerejas frescas (retire as sementes cortando-as ao meio)
100 ml de *ice wine*
1 colher (de chá) de manteiga sem sal

Modo de preparo

Musse

Derreta o chocolate branco em micro-ondas pouco a pouco, mexendo sempre para não queimar (ou em banho-maria).

Bata o creme de leite em ponto de chantili e incorpore a baunilha (só utilize a polpa da fava da baunilha; a fava mesmo você pode guardar para usar em outra preparação).

Misture tudo com cuidado para não perder a textura do chantili e deixar o chocolate mais leve.

Ponha na taça em que vai servir e leve à geladeira para resfriar.

Calda de cerejas

Leve o *ice wine* a uma panela junto com a manteiga e deixe reduzir à metade.

Junte as cerejas e cozinhe rapidamente, só para dar cor ao molho.

Desligue o fogo e espere esfriar. Sirva com a musse salpicada com amêndoas.

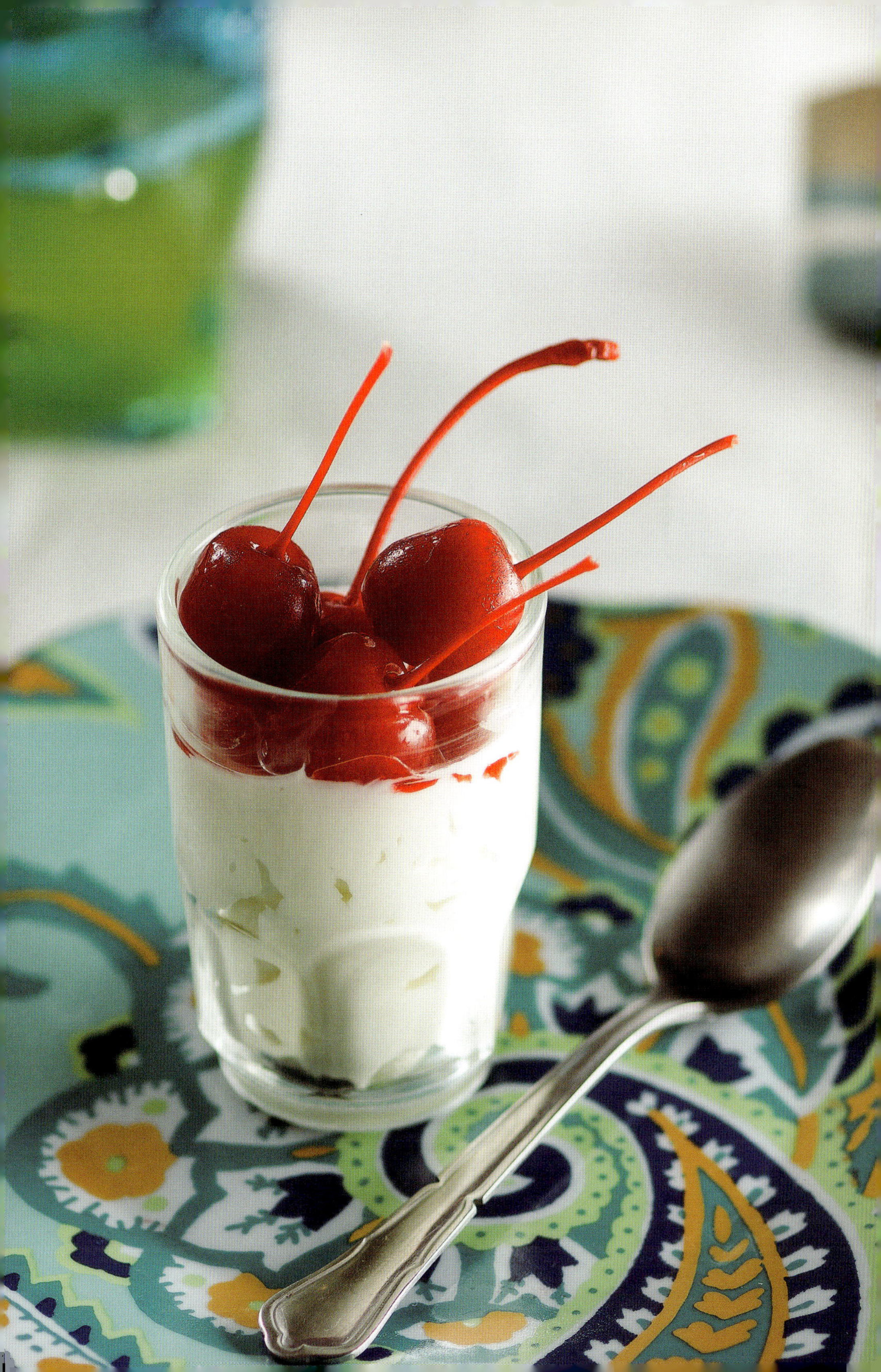

Judia

Bom, a primeira coisa que você precisa fazer para agradar essa mulher é entender o que é comida *kasher*.

A palavra *kasher* significa "apropriado". Já a palavra *treif* significa um alimento inapropriado.

A *kasher* é ligada à religião e tem vários preceitos de manipulação, higiene etc. Se você não souber do que se trata, é melhor nem se arriscar, ou vai acabar virando um "homem treif".

Nem todo judeu segue à risca os preceitos relativos à alimentação. Ou seja, você pode preparar um prato judaico que não segue as leis do judaísmo referentes à dieta alimentar.

Mesmo assim, fique atento ao que uma moça judia não come, para você não cometer a gafe e perder a pretendente.

Nada de servir carne de porco, coelho, caranguejo, camarão ou lagosta. Aliás, nenhum fruto do mar é permitido. Evite misturar leite com carne, o que já exclui o bom e velho estrogonofe. Uma pena, porque é um pratinho bom pra quem não tem muita familiaridade com as panelas.

Bom, se você está mesmo de olho naquela mocinha de origem judaica, meu conselho é fazer um cardápio diferente do que ela está acostumada a comer, mas que não vá de encontro aos seus princípios, porque, se há uma coisa que pesa para ela, com certeza é a tradição.

Outro detalhe importante: abundância. Judias odeiam merreca. Encha a mesa, até porque elas adoram comer.

Menu para a judia

Coalhada temperada
Coalhada seca temperada com azeite,
zátar e torradas de pão sírio

Hamin
Cozido à moda judaica sefardim

Kugel de maçã
Uma das receitas judaicas mais legais de fazer

Harmonização
Tempranillo kosher

Coalhada temperada

Ingredientes

300 g de coalhada seca (se não encontrar, use creme de ricota, também fica show)
1 colher (de chá) de zátar
2 colheres (de sopa) de azeite extravirgem
Sal e pimenta-do-reino a gosto
Ervas frescas para decoração
Torradas de pão sírio

Modo de preparo

Tempere a coalhada com o zátar, sal e pimenta e regue com o azeite.
Decore com as ervas e sirva com as torradas.

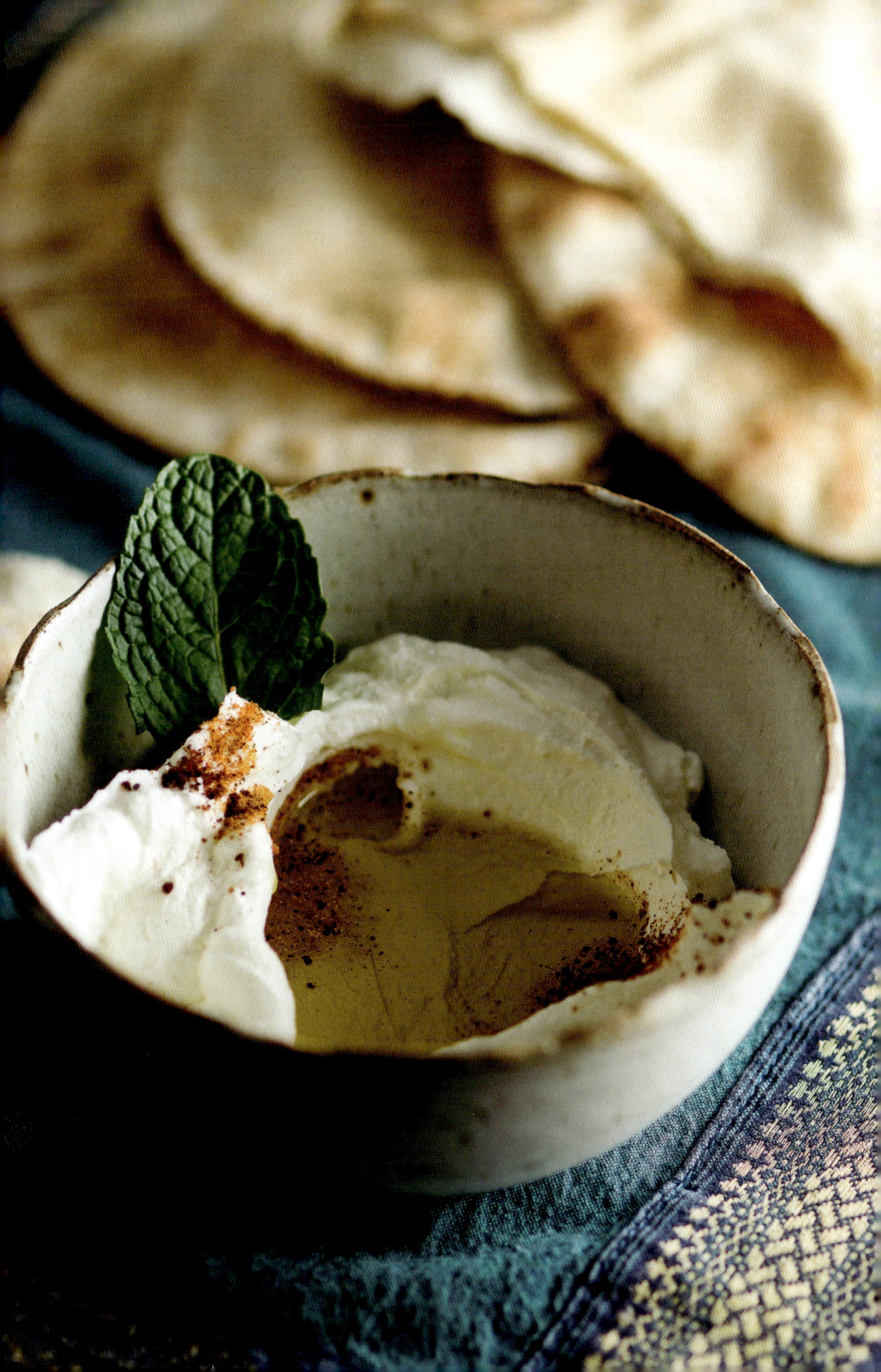

Hamin

Ingredientes

30 g de grão-de-bico
30 g de feijão-branco
30 g de trigo em grão
1 cebola picada
300 g de acém
1 colher (de sopa) de azeite de oliva
2 batatas cortadas em pedaços grandes
2 ovos com casca
1 e 1/2 litro de água
1 pitada de canela
Sal e pimenta

Modo de preparo

Deixe os grãos de molho de um dia para o outro.

Doure bem a cebola e a carne no azeite.

Junte o trigo e refogue por mais 5 minutos.

Então, adicione o feijão-branco e cubra com água fervendo.

Acomode os ovos com casca dentro da panela.

Vá retirando a espuma que se formar e cozinhe em fogo muito baixo por cerca de 2 horas e meia, ou até que os grãos estejam macios.

Tempere com sal, canela e pimenta.

Retire as cascas dos ovos e sirva.

Kugel de maçã

Ingredientes

4 maçãs verdes
1 colher (de sopa) de açúcar
1 colher (de chá) de canela
Suco de meio limão
4 ovos inteiros separados em clara e gema
1 e 1/2 colher de farinha de matzá (ou farinha de trigo)
Meia xícara de amêndoas picadas

Modo de preparo

Corte as maçãs em fatias finas e misture-as com o açúcar, a canela e o suco de limão. Acrescente as gemas batidas, a farinha de matzá e as amêndoas.

Bata as claras em neve e misture delicadamente à massa.

Despeje em fôrma bem untada e asse em forno moderado durante 45 minutos.

Loba

Se o lobo é um animal que vive faminto, pode-se deduzir que uma loba também tem lá seu apetite.

Uma mulher loba come de tudo, com ou sem talheres. Geralmente já tem uma certa idade, é experiente e não tem frescura.

Você quer pegar uma mulher loba? Doce ilusão, meu caro, pois é ela que vai te pegar.

Mas não confunda uma loba com uma mulher ninfomaníaca. A loba tem um controle de qualidade bem alto, e para agradá-la você vai rebolar. Literalmente.

A loba é uma mulher experiente, o que vai exigir de você uma *performance* arrojada. Se ela vai jantar na sua casa, o cardápio terá de ser inusitado, o que não quer dizer sofisticado. Deve sempre ter um toque sutilmente sensual. Mas cuidado para não ultrapassar o limite, porque as lobas não são vulgares, são eróticas.

Abuse de cardápios afrodisíacos, uma decoração sensual e um look mais sexy, mas isso não quer dizer que você tenha que recebê-la com uma cueca de couro preta e chicotinho na mão.

Mostre convicção e atitude, e, mesmo que só agora você tenha ficado sabendo que frigideira não tem tampa, finja destreza e habilidade na cozinha. É de suma importância.

Fique tranquilo, que a noite vai acabar onde você imagina. A loba também já sabe disso, apesar de fazer um estilo *blasé*. Mas não se esqueça de comprar um estoque razoável de champanhe e preservativos, porque loba que é loba não se contenta com um cordeirinho só.

Menu para a loba

Som Tam
Salada de papaia verde tailandesa

Porco à moda vietnamita
Porco delicioso com arroz de jasmim ao leite de coco

Delícia de laranja
Um pudim de laranja afrodisíaco

Harmonização
Saquê

Som tam

Ingredientes

1 papaia bem verde cortado em tirinhas bem finas
1 cenoura cortada em tiras fininhas
1 pimenta-dedo-de moça cortada em fatias finas (sem sementes)
2 dentes de alho
2 colheres (de sopa) de camarões secos
5 camarões médios cozidos por pessoa
1/4 xícara de suco de tamarindo (encontrado em lojas de produtos orientais)
suco de 2 limões
2 colheres de nam plá (molho de peixe tailandês)
2 colheres de açúcar (dissolvidas em 1/2 xícara de água)
1/2 xícara de amendoins torrados e salgados

Modo de preparo

Eu faço no pilão, mas para facilitar triture o alho e a pimenta no processador, até virar uma pasta.

Numa cumbuca misture a pasta de alho e as pimentas com os camarões secos, a cenoura e o papaia.

Adicione o suco de tamarindo, o nam plá, o suco de limão e a mistura de açúcar dissolvido.

Misture muito bem para que os sabores se mesclem.

Junte os amendoins e decore com folhas de coentro (pergunte antes se ela gosta de coentro. Se for de Sampa, tem 86,12% de chance de não gostar, se for de Maceió, pode pôr o dobro de coentro, hehe).

Prove e acerte o sal, caso seja preciso, e guarneça com os camarões.

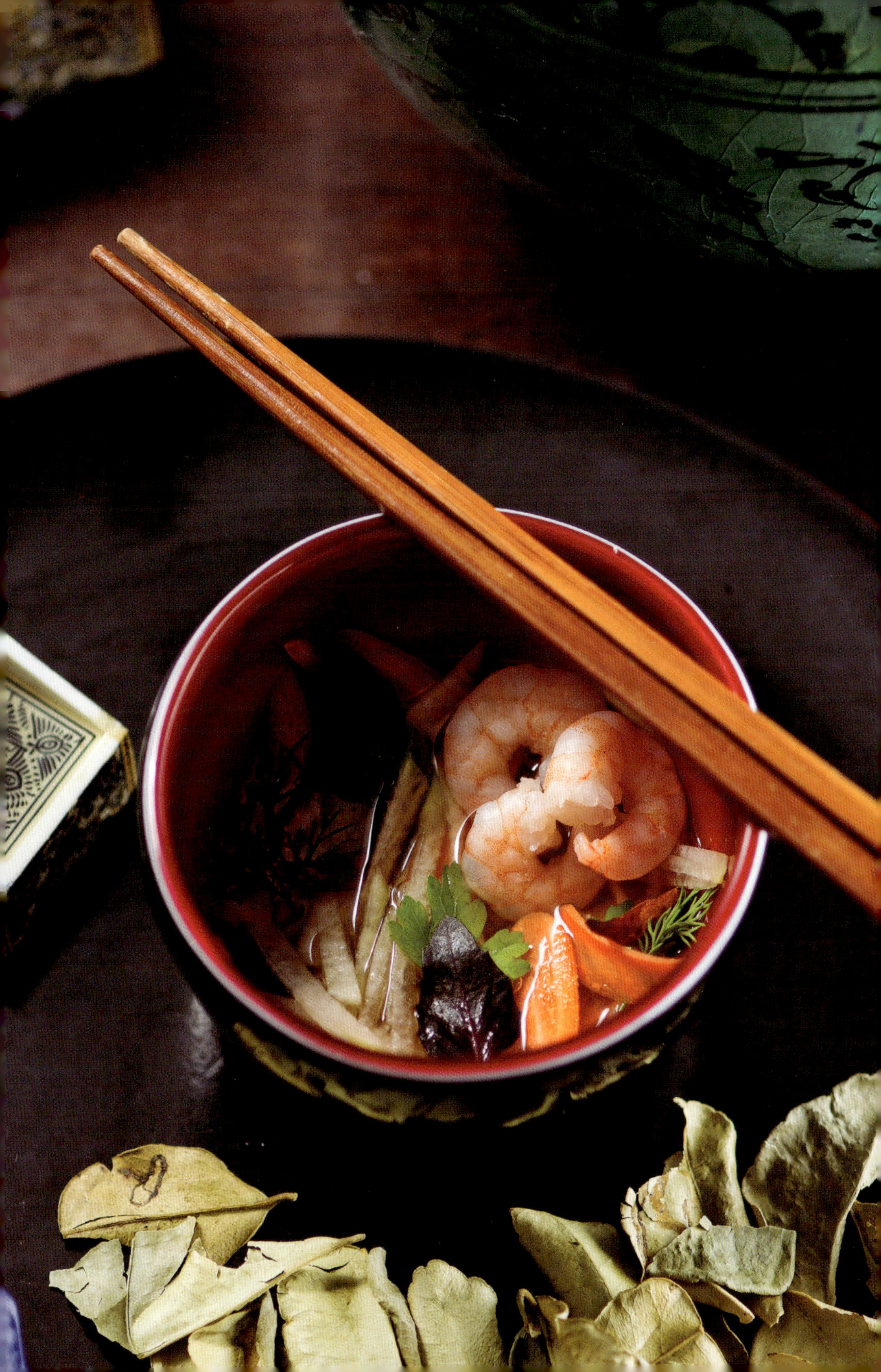

Porco à moda vietnamita

Ingredientes

500 g de filé-mignon suíno cortado em cubos
150 g de nirá
1 gengibre sem casca cortado em tiras finas
2 dentes de alho picados
1 colher (de chá) de açúcar
1 colher (de chá) de óleo de amendoim
1 xícara de água
1 colher (de chá) de amido de milho
1 colher (de chá) de molho de ostra
1 xícara de suco de abacaxi (coado)

Arroz de jasmim

1 xícara de arroz de jasmim
1 e 1/4 de xícara de leite de coco
1 e 1/4 de xícara de água
1 folha de louro
1 colher (de sopa) de coco ralado queimado
Sal a gosto

Modo de preparo

Tempere a carne de porco com sal e pimenta e frite com pouco óleo.

Quando começar a dourar, junte o açúcar, o alho e o gengibre.

Quando a carne estiver caramelizada, junte o nirá e refogue.

Adicione a mistura de água e amido, o molho de ostra e o suco de abacaxi e deixe cozinhar até o molho ficar no ponto.

Arroz de jasmim

Lave o arroz e coloque todos os ingredientes, menos o coco ralado queimado, numa panela em fogo alto, mexendo sempre até ferver.

Quando ferver, reduza o fogo para médio/baixo e tampe a panela.

Deixe cozinhar até que todo o líquido tenha sido absorvido.

Dica do Guga

Mexa o arroz de vez em quando para não queimar e espere 10 minutos antes de servir. Ele não precisa ficar soltinho como nosso arroz.

Delícia de laranja

Ingredientes

1 lata de leite condensado

1 lata de leite (use a lata de leite condensado vazia para medir)

1 lata de suco de laranja (para medir... adivinhe!)

2 colheres (de sopa) de farinha de trigo

3 ovos

1 xícara de açúcar

4 colheres (de sopa) de água

Raspas da casca de duas laranjas

Modo de preparo

Dissolva o açúcar na água e leve ao fogo baixo por 12 minutos, até formar um caramelo.

Espalhe esse caramelo nas laterais e no fundo de uma fôrma de 22 cm de diâmetro com buraco no meio.

Bata no liquidificador o leite condensado, o leite, o suco de laranja, os ovos e a farinha, junte as raspas e misture com uma colher.

Despeje na fôrma e leve ao forno médio preaquecido em banho-maria, por 50 minutos ou até ficar firme.

Retire do fogo e deixe esfriar, depois leve à geladeira por umas duas horas, desenforme e, se quiser, decore com as raspas de laranja.

Mãe

O amor que a mãe tem por seus filhos é o maior que pode haver no mundo, então, meu amigo, a regra é simples. Conquistou a criançada, conquistou a mãe.

Arrume a sua casa de modo que tudo o que quebra vá para dentro do armário. Isso evita discussões sobre como educar os filhos, assunto que você não domina e, o melhor, evita o prejuízo de um vaso raro de cristal quebrado e que era da bisa.

Coloque uns games na TV, assim você pode entreter os pirralhinhos enquanto tenta conquistar a mãe.

Compre muito refrigerante, forre o sofá com uma capa e faça uma sobremesa daquelas que as crianças adoram.

Agora, se você quer deixar essa mãe apaixonada de chorar, leve a criançada pra cozinha para preparar o jantar com você. É tiro certeiro!

Menu para a mãe

Batata do tio Guga
Batata bolinha assada com gouda, gergelim e orégano

Milanesa surpresa
Bife empanado em cereal de milho recheado
com creme de queijo e couve-flor

Banana com chocolate
Uma sobremesa divertida de fazer e deliciosa

Harmonização
Sauvignon blanc
(e suco de frutas para as crianças, claro)

Esse menu é para duas pessoas e você multiplica
as receitas pela quantidade de filhos!

Batata do tio Guga

Ingredientes

10 batatas bolinha
1 colher (de sopa) de azeite de oliva
1 colher (de sopa) de queijo gouda ralado
1 colher (de chá) de gergelim negro
1 colher (de chá) de orégano
Lascas de queijo gouda (feitas com descascador de legumes)

Modo de preparo

Cozinhe as batatas em água com sal até que fiquem macias.

Lambuze as batatas com azeite de oliva.

Misture às batatas o queijo gouda, o gergelim e o orégano e leve ao forno até dourar levemente.

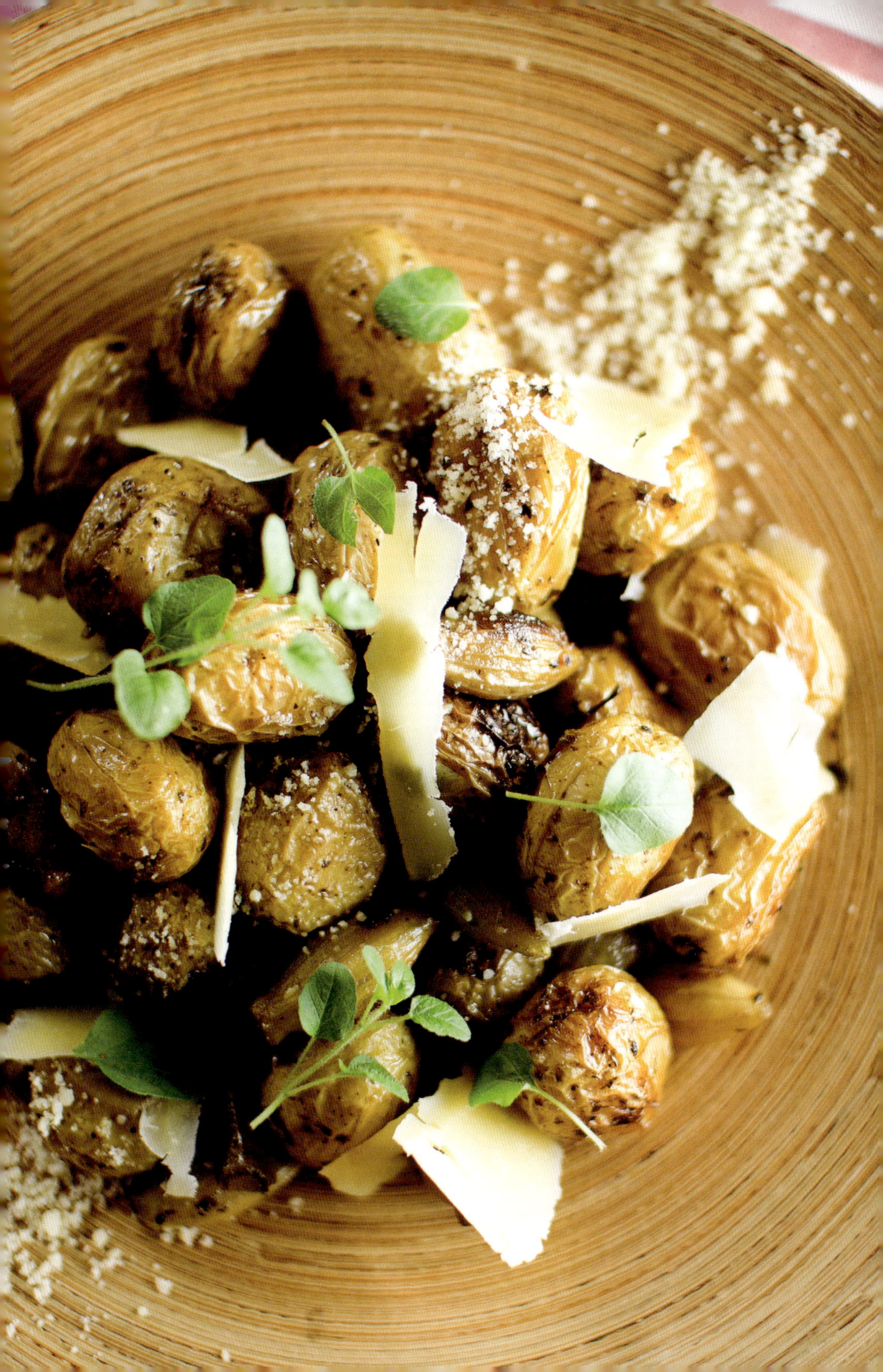

Milanesa surpresa

Ingredientes

2 bifes de alcatra ou coxão mole batidos bem fininho
Cereal de milho sem açúcar triturado
1 xícara de ricota
1 xícara de couve-flor
1 colher (de sopa) de bacon picado assado no forno até dourar
2 ovos batidos levemente
Farinha de trigo para empanar os bifes
Óleo para fritar
Sal e pimenta-do-reino branca a gosto

Modo de preparo

Peça a seu açougueiro que corte os bifes bem fininho, como para *paillard*.

Tempere com sal e pimenta-do-reino.

Rale a couve-flor num ralador de queijo e misture a ricota com o bacon.

Coloque essa mistura em uma das extremidades do bife e passe a outra extremidade por cima, fechando como uma "carteira".

Passe na farinha de trigo, no ovo batido e no cereal.

Frite no óleo e depois deixe secar no papel absorvente.

Banana com chocolate

Ingredientes

6 bananas-nanicas maduras
250 g de chocolate ao leite picado
Chocolate granulado a gosto

Modo de preparo

Leve as bananas com casca ao freezer durante 4 horas.

Derreta o chocolate no micro-ondas ou em banho-maria.

Deixe esfriar e despeje o chocolate em um copo alto.

Retire as bananas do freezer, tire as cascas e corte-as ao meio no sentido da espessura.

Espete-as em palitos de sorvete, banhe-as no chocolate e cubra com chocolate granulado.

Coloque-as em um prato e leve à geladeira até firmar. Sirva em seguida.

Diversão garantida pra molecada!

Menina da turma

Sabe aquela amiga com quem você sempre sai para tomar uma cerveja?

Então... Um belo dia, em que você não está suportando mais esse período de entressafra que não tem fim, você se vira para ela e diz:

– Vamos lá pra casa que vou fazer um jantar pra você.

Meu amigo, a verdade é que todo cupido é míope e acerta quem você nunca imaginou. Apaixonar-se por uma amiga faz parte da vida, afinal, vocês têm muito em comum.

Prepare-se, meu amigo, porque a surpresa vem aí.

Provavelmente ela vai chegar de jeans e tênis, com o DVD de *Velozes e Furiosos* XVIIIII debaixo do braço e achando que vocês vão pedir uma pizza.

Depois você vai ter que aguentá-la tirando um sarro da sua cara. Aí ela vai achar que vai chegar mais alguém. E, por fim, ela vai te perguntar, na lata, se você pirou.

Se você está mesmo a fim de pegar a sua amiga, seria legal pedir para ela te ajudar na cozinha. Algo mais informal mesmo, que deixe o clima mais divertido.

Esqueça a vela e o champanhe. Abram umas cervejinhas e tomem do gargalo.

Bom, e já que ela estava esperando comer uma pizza, botem a mão na massa, que, nesse clima de aperta daqui, amassa dali, não tem amiga que escape!

Uma boa dica: bebam bastante, porque, se tudo der errado, pelo menos ninguém vai se lembrar de nada no dia seguinte e a amizade continuará numa boa.

Menu para a menina da turma

Hambúrguer clássico #sóquenão
Hambúrguer caseiro com crocante de queijo gouda e salada

Holandesa
Pizza de maasdam e rúcula selvagem

Pizza da sedução
Pizza doce com Nutella®, banana, morango e hortelã fresca

Harmonização
Cerveja India Pale Ale

Hambúrguer clássico #sóquenão

Ingredientes

400 g de carne moída (eu uso fraldinha, mas pode usar a que você preferir)
1 dente de alho ralado
1 colher (de chá) de cebola roxa ralada
1 colher (de chá) de salsinha picada
200 g de queijo gouda
1 fio de óleo de gergelim torrado
1 fio de óleo de canola
Uma porção de saladinha hipócrita (só pra ter um verdinho)
Sal e pimenta-do-reino

Modo de preparo

Esquente o óleo de gergelim numa frigideira e doure o alho junto com a cebola. Espere esfriar.

Misture tudo com a carne de maneira que fique bem homogêneo.

Acerte o sal e a pimenta e misture mais um pouco.

Faça os hambúrgueres com as mãos, formando bolinhas e então achatando-as.

Aqueça o forno a 250 ºC e, numa assadeira antiaderente (ou silpat), coloque pequenas porções espalhadas do gouda e deixe por 6 minutos ou até que vire uma casquinha crocante. Retire e reserve.

Numa frigideira (ou grelha, churrasqueira), espalhe um fio de óleo de canola nos hambúrgueres e frite-os no seu ponto favorito.

Num pão para hambúrguer, coloque o crocante de gouda, uma saladinha, a carne e seja feliz.

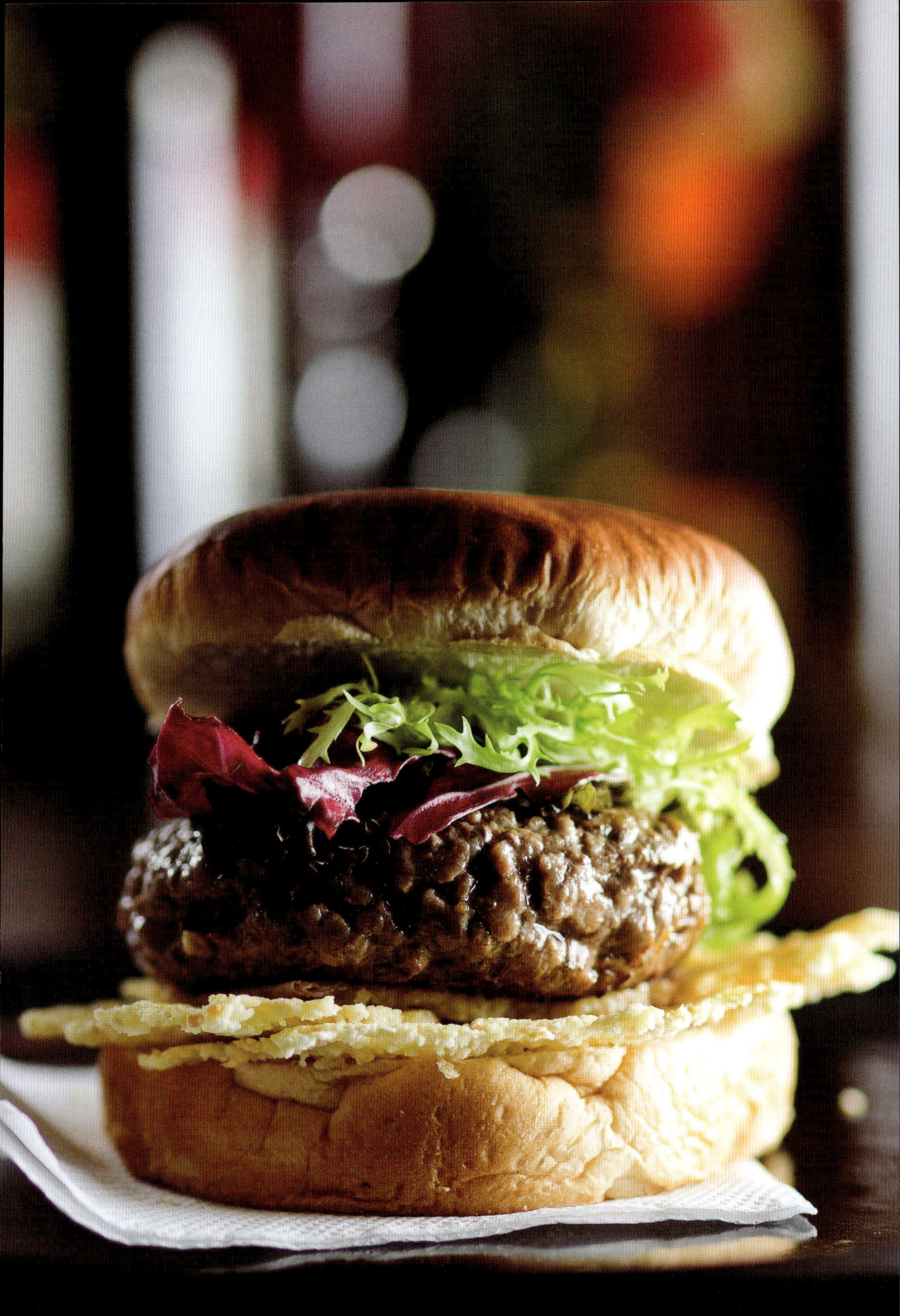

Massa da pizza

Ingredientes

15 g de açúcar
15 g de sal
1 kg de farinha
35 g de fermento biológico
50 ml de azeite de oliva
500 ml de água

Modo de preparo

Coloque o fermento em uma tigela grande, junte o sal e o açúcar e esfarele a mistura com as mãos.

Despeje a água e o azeite.

Aos poucos, misture a farinha ao líquido com a ponta dos dedos.

Quando a massa começar a criar consistência, comece a sová-la.

Quando a farinha estiver toda incorporada, separe a massa em quatro bolas, cubra com um pano limpo e leve a um local aquecido – perto de um forno, por exemplo –, a uns 26 °C, para crescer e fermentar por cerca de 30 minutos.

Depois, estique a massa em formato redondo, numa superfície enfarinhada, na espessura que você mais gosta.

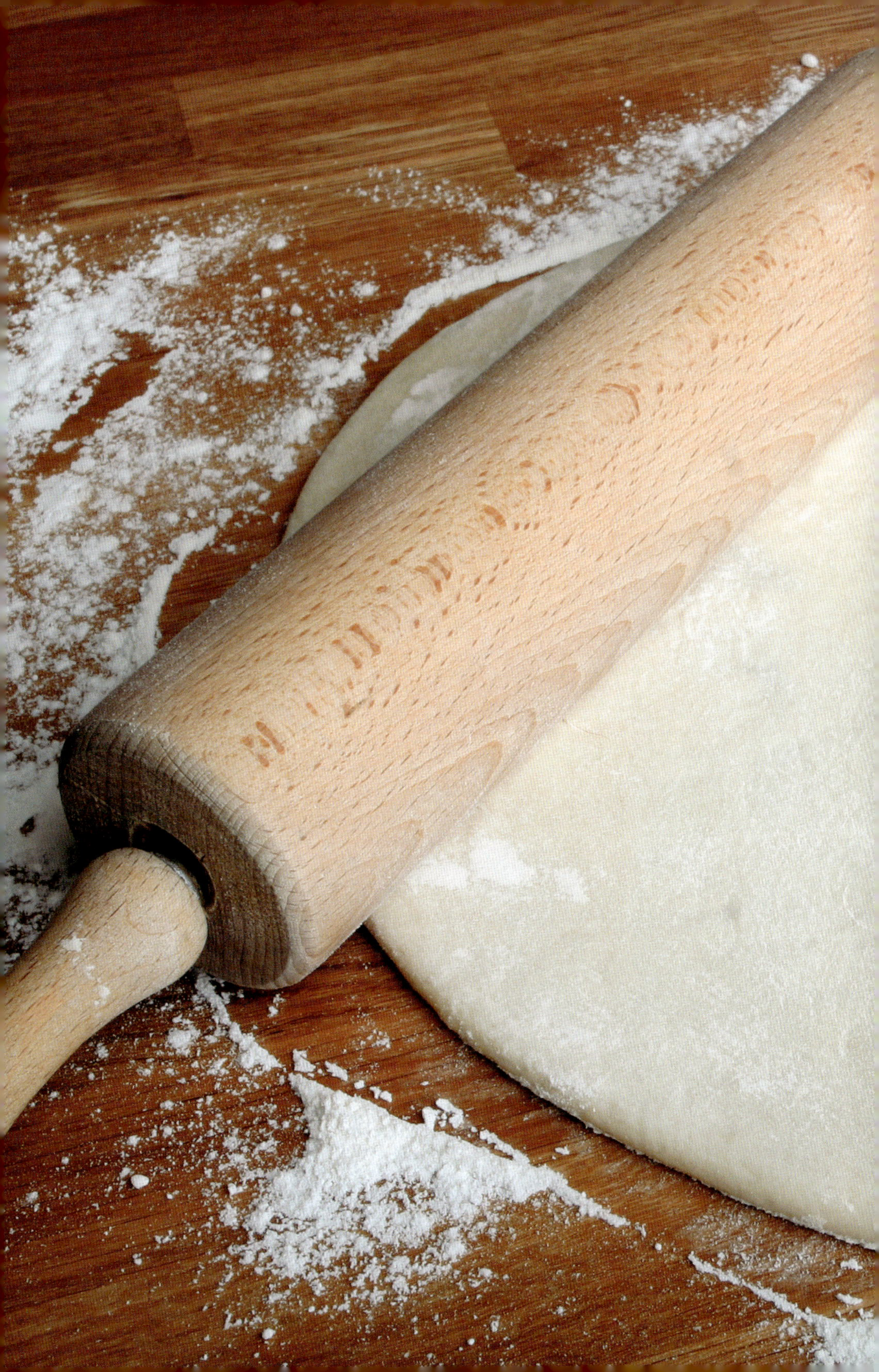

Holandesa

Ingredientes

1 massa de pizza
2 colheres (de sopa) de molho de tomate
Muito queijo maasdam
Rúcula selvagem
Pimenta-do-reino a gosto

Modo de preparo

Passe o molho de tomate na massa de pizza, espalhando bem com uma colher, e leve ao forno médio para pré-assar por 15 minutos.

Retire do forno e disponha o queijo sobre a pizza.

Leve novamente a pizza ao forno até terminar de assar.

Na hora de servir, disponha as folhas de rúcula selvagem sobre a pizza e tempere com pimenta-do-reino.

Pizza da sedução

Ingredientes

1 massa de pizza pré-assada
2 colheres (de sopa) de Nutella®
1 banana madura
4 morangos
Folhas de hortelã frescas

Modo de preparo

Espalhe a Nutella® na massa e disponha os morangos e a banana em rodelas. Leve ao forno só para dar uma leve cozida nos morangos e na banana.

Na hora de servir, disponha as folhas de hortelã sobre a pizza para decorar.

Menina do interior

Pois é, cumpadre, ficou gamado por essa beleza que veio do interior, né? Isso acontece por demais... *Preocupe não*....

Você, meu amigo, que está de olho arregalado pra cima da mocinha que acabou de chegar à capital e inventou de convidá-la pra jantar na sua casa, se deu conta, agora, de que não sabe nem ferver uma água.

Para conquistar essa menina, o único jeito é você ser rápido como um peão de rodeio.

Pense comigo, ela deve ter tido como alimentação básica aquela deliciosa comidinha caseira da mamãe. Então, já que ela está chegando agora na cidade grande, não vamos assustá-la com essas modernidades de cozinha molecular, peixe cru etc.

Mas também não precisa concorrer com o fogão a lenha da casa dela.

Vamos atacar com a cozinha internacional, na linha *comfort food*.

Que que é isso?

Calma que eu explico.

São comidinhas que trazem um carinho extra como ingrediente, que tem algo diferente, para ela achar você um cara cosmopolita.

Se mesmo assim ela começar a falar sobre as lembranças de Anta Gorda, no Rio Grande do Sul, ou de Espera Feliz, em Minas Gerais, prepare-se. Vai ser conversa pra mais de metro.

Aproveite e coloque como som ambiente um CD do Daniel pra agradar a moça, mesmo que você ame Led Zeppelin.

Menu para a menina do interior

Salada caprese
Muçarela de búfala com tomate e manjericão

Mac & cheese (my way)
Macarrão tipo americano bom pacas

Molezinha de chocolate
Bolo de chocolate com castanhas,
mel e canela moleza de fazer

Harmonização
Espumante rosé demi-sec

Salada caprese

Ingredientes

2 tomates italianos
2 muçarelas de búfala
Manjericão fresco
2 colheres (de sopa) de azeite extravirgem
Sal e pimenta-do-reino a gosto

Modo de preparo

Corte os tomates e muçarelas em rodelas e disponha no prato.

Tempere com sal e pimenta, regue com o azeite e guarneça com manjericão fresco.

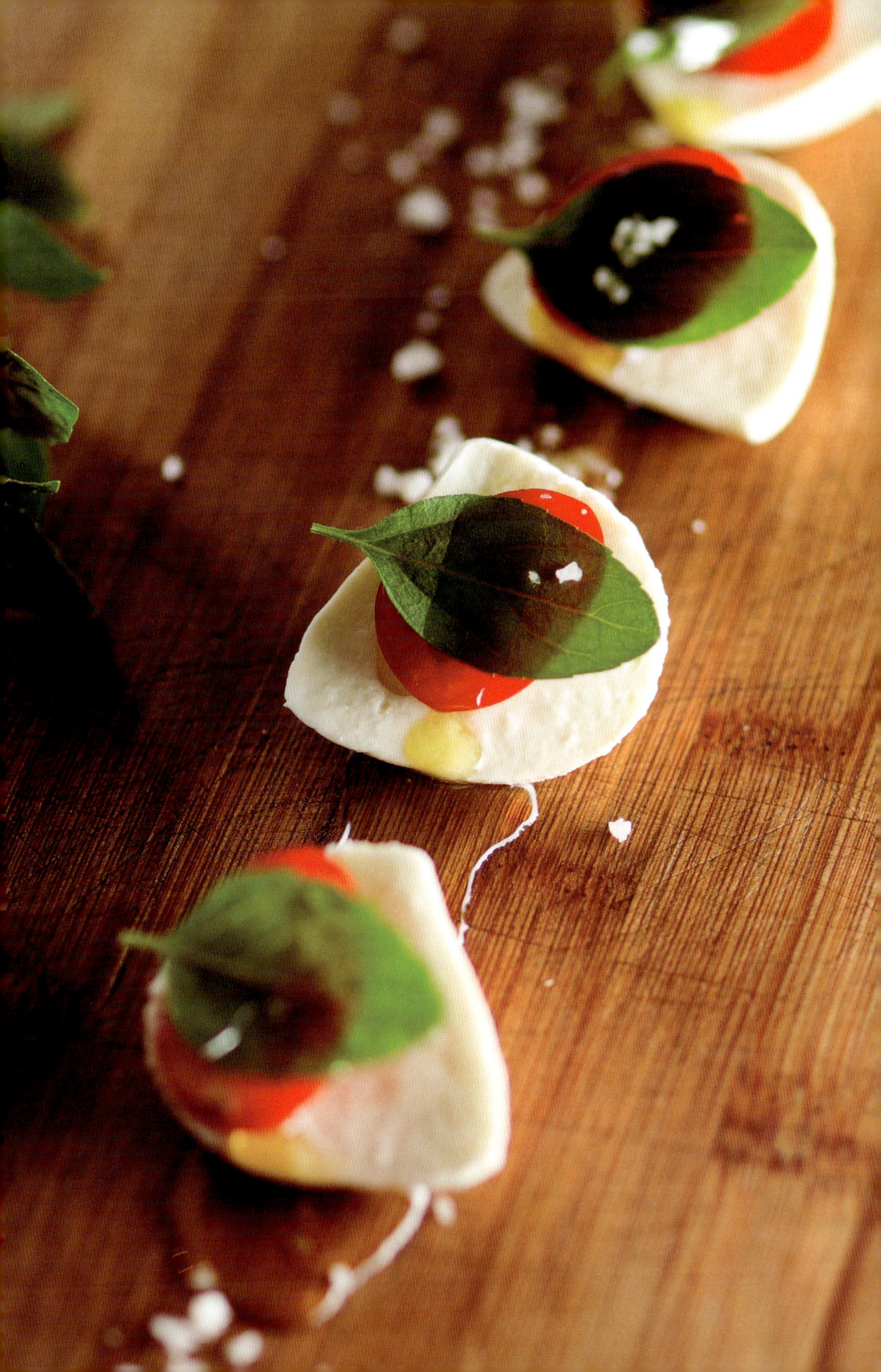

Mac & cheese (my way)

Ingredientes

200 g de macarrão do tipo caracol
1 xícara de creme de leite fresco
4 colheres de queijo emmental ralado
1 pitada de noz-moscada
Sal e pimenta-do-reino

Modo de preparo

Cozinhe o macarrão em muita água com sal, pela metade do tempo indicado na embalagem.

Enquanto o macarrão cozinha, prepare o molho: num refratário, misture o creme de leite com metade do queijo emmental ralado e tempere com noz-moscada, sal e pimenta-do-reino.

Escorra o macarrão e junte-o ao molho, misturando bem.

Polvilhe com a outra metade do queijo e leve ao forno médio preaquecido por 15 minutos.

Molezinha de chocolate

Ingredientes

400 g de farinha de trigo
200 g de chocolate em pó meio amargo
50 g de açúcar
4 colheres (de sopa) de mel
1 colher (de chá) de canela em pó
1 pitada de sal
260 g de castanha-do-pará picada grosseiramente
7 ovos
200 ml de óleo de canola
200 g de manteiga derretida sem sal
2 g de fermento químico em pó

Modo de preparo

Misture rapidamente os ovos com o açúcar, o mel, a manteiga, o óleo, o sal e a canela.

Acrescente a farinha e o chocolate peneirados e, por último, a castanha e o fermento em pó.

Asse em forno moderado por mais ou menos 50 minutos em assadeira untada e enfarinhada.

Dica do Guga

Sirva com sorvete, ganache de chocolate* ou frutas.

* Ganache de chocolate: calda cremosa feita de partes iguais de creme de leite fresco e chocolate derretido. É fácil de fazer: derreta o chocolate no micro-ondas ou banho-maria e misture o creme de leite.

Mulher TPM

Você achou a moça interessante, apesar de ela ter um certo ar de mau humor.

Você não consegue conter o seu instinto masculino, chega junto e, conversa vai, conversa vem, acaba convidando a simpatia em pessoa para jantar na sua casa.

Meu caro leitor, você está precisando ler mais sobre as mulheres.

Uma criatura que vive de cara amarrada não tem solução. O caso dela é hormonal. É a eterna TPM.

Mas tudo bem, ela deve ter lá seus predicados que compensam aquela expressão de "ai, que cheiro ruim". Caso contrário, você não estaria aí, no meio da livraria, na seção de culinária, procurando este livro.

Se você quer mesmo dominar essa mulher feroz, você pode fazer o seguinte: ofereça, assim que ela chegar, um drinque à base de água com açúcar pra já ir acalmando a fera. Vai que o jantar atrasa...

Você já imaginou no que pode se transformar uma mulher que sofre de eterna TPM quando passa fome?

Outra dica é servir de sobremesa qualquer coisa à base de muito maracujá.

Brincadeiras à parte, a melhor solução é fazer um menu que leve chocolate no prato principal e na sobremesa e uma salada com folhas verdes que ajudam a aliviar os efeitos da TPM.

Se nem assim a carinha dela expressar o menor sorriso, experimente dar um piti. Reclame da música que está tocando no rádio, fale mal da faxineira que não passou a toalha de mesa que você queria usar, conte da fila do caixa do supermercado que não andava e por aí vai.

Eu te garanto que ela vai se soltar também, vai falar mal da melhor amiga, reclamar da violência, criticar o filme que ganhou o Oscar e o pior: se apaixonar por você. A sua cara- -metade. O lado esquerdo que faltava no seu rostinho de mau humor.

Menu para a mulher TPM

Salada TPM
Brócolis e espinafre com purê de alcachofra e brotos

Mole Poblano a minha moda
Chocolate até no molho do frango, para apaziguar a TPM. Essa receita mexicana é exótica e muito gostosa

Crème brûlée de chocolate
Uma sobremesa que vai fazer vocês se agarrarem sobre a mesa!

Harmonização
Cabernet franc, Malbec, Merlot

Salada TPM

Ingredientes

2 xícaras de brócolis cozidos
10 folhas de espinafre
2 fundos de alcachofra em conserva
2 azeitonas pretas picadas
1 tomate sem pele e sem sementes picado
1 cebola picada
Azeite de oliva a gosto
Suco de 1 limão
2 fatias de pão de forma integral torradas (pode ser feito na sanduicheira)
Sal e pimenta-do-reino

Modo de preparo

Numa panela com azeite, doure a cebola e junte os fundos de alcachofra picados.

Bata no liquidificador até que vire um purê.

Acerte o sal e a pimenta-do-reino e disponha esse purê no fundo de um prato. Por cima coloque o tomate e os brócolis.

Tempere o espinafre com azeite e limão, acrescente as azeitonas pretas picadas e disponha por cima dos tomates. Sirva com o pão integral ao lado.

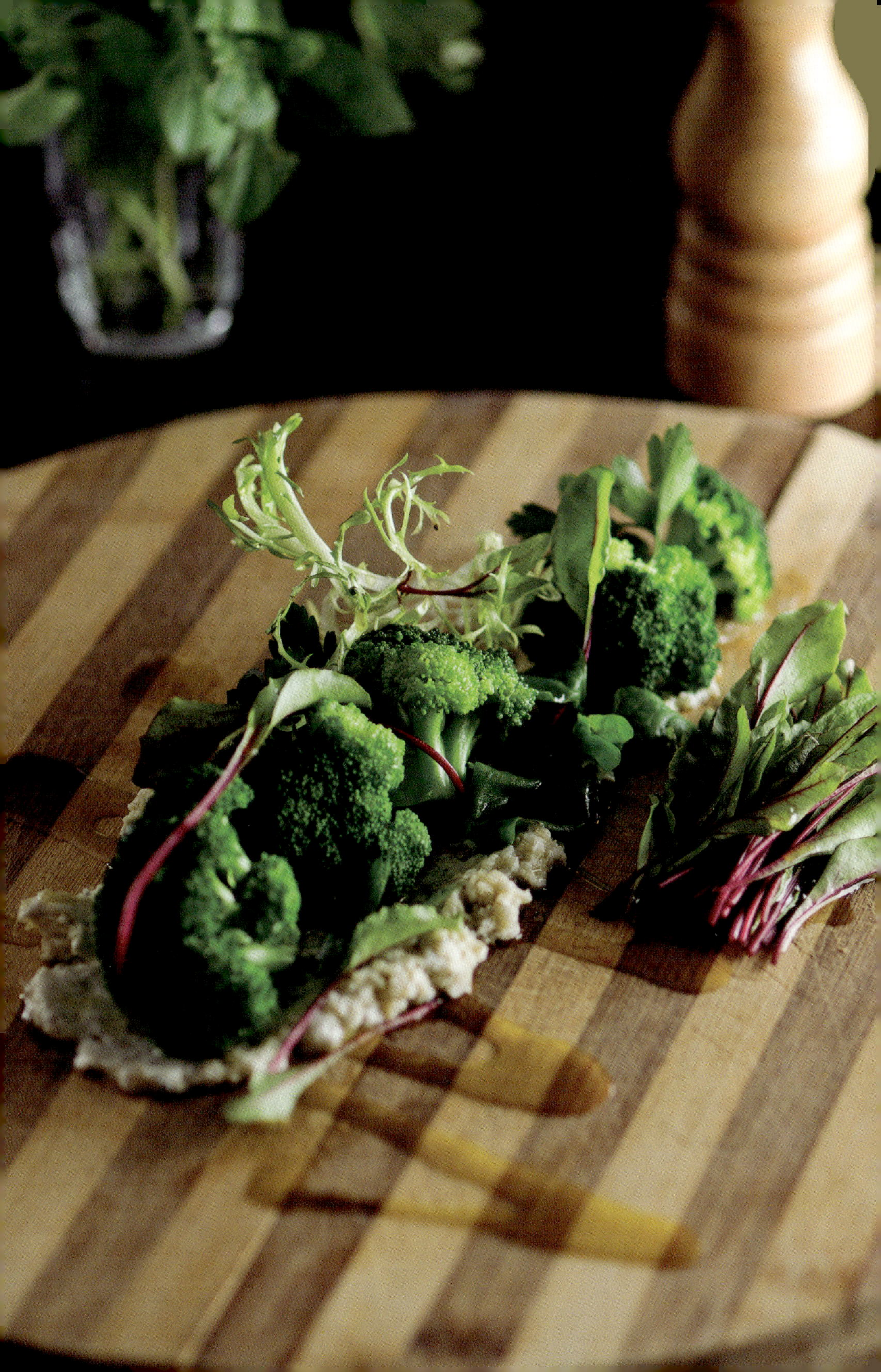

Mole Poblano a minha moda

Ingredientes

Frango
300 g de peito de frango em cubos
2 coxas de frango
1 copo de vinho branco
3 copos de água
1 folha de louro
4 cravos
Sal a gosto

Mole
1/2 colher (de chá) de sementes de coentro
1/2 colher (de chá) de erva-doce
1 colher (de chá) de sementes de gergelim branco
1 colher (de sopa) de passas
1 colher (de sopa) de amendoins torrados
2 colheres (de sopa) de amêndoas em lascas sem pele
1 dente de alho picado

3 colheres (de sopa) de azeite de oliva
1 pimenta-dedo-de-moça picada sem sementes
1 cebola
1 canela em pau
1 lata de tomate italiano pelado
250 ml do caldo do cozimento do frango (ou 1 tablete de caldo de frango)
170 g de chocolate amargo

Modo de preparo

Corte o frango em pedaços não muito pequenos (não queremos um picadinho) e cozinhe-o na mistura de vinho branco, água, cravo, louro e um pouquinho de sal por 30 minutos. Reserve o caldo do cozimento para usar no molho.

Aqueça uma frigideira e torre as sementes de coentro, erva-doce, gergelim, amêndoas, amendoins e o alho picado. Reserve.

Aproveite a mesma frigideira para aquecer o azeite e refogue a cebola bem picadinha, a pimenta picada sem sementes, o pau de canela e as passas até que a cebola fique levemente dourada.

Então coloque no liquidificador 250 ml do caldo do cozimento do frango e os ingredientes que foram torrados na frigideira (menos o pau de canela) e triture tudo junto com o tomate pelado.

Leve esse molho para uma panela e, quando ferver, junte o chocolate ralado e mexa para que derreta bem.

Adicione os pedaços de frango e deixe levantar fervura novamente, mexendo para que não grude no fundo da panela.

Sirva com arroz branco.

Crème brûlée de chocolate

Ingredientes

250 ml de creme de leite fresco
9 gemas de ovo
1 fava de baunilha
125 g de chocolate amargo
125 g de açúcar cristal

Modo de preparo

Junte metade do creme de leite com o açúcar e a baunilha numa panela e leve ao fogo médio, mexendo sempre para dissolver o açúcar, até começar a ferver brandamente.

Derreta o chocolate no micro-ondas ou em banho-maria.

Coloque as gemas sem as peles numa tigela grande e incorpore lentamente a mistura de creme quente, mexendo sempre; nesse momento, acrescente o resto do creme de leite, incorporando até que fique bem lisa.

Acrescente o chocolate derretido à mistura.

Coloque em ramequins (potinhos de cerâmica) e leve ao forno a 165 °C, em banho-maria, por 15 a 20 minutos.

Antes de servir, salpique o açúcar cristal e queime com maçarico até o açúcar caramelizar.

Dica do Guga

Caso não tenha maçarico, esquente as costas de uma colher no fogo até ficar bem quente e aproxime-a do açúcar.

Nerd

Quem é Gandalf?

Quem é o autor da frase: "Vida longa e próspera"?

Quem é o pai do Luke?

Qual o coeficiente de dilatação da água em Marte?

Se você não soube responder a nenhuma das perguntas acima, você vai mal, meu amigo.

As mulheres nerds geralmente adoram séries americanas, ficção científica, super-heróis, quadrinhos etc.

Mas nem tudo está perdido, meu caro. Já que a física quântica não deve ser seu forte, vamos apelar para a química. E, quando o assunto é reação explosiva, trata-se da química entre vocês dois. Tipo $a + b = cabum^2$.

Sendo assim, já que a conversa entre vocês está bem comprometida, o que poderá te salvar é a comida. Mas como convidar essa *geek* para um jantar, se para ela comida é algo que vem em uma caixinha, entregue pelo motoboy, e que se come na frente do monitor?

Vamos fase por fase, como nos games. Convide a nerd ou por e-mail ou por mensagem de texto. Esses são os únicos meios de comunicação que ela usa. Não se esqueça do anexo do Google Maps indicando onde fica a sua casa!

Confirmada a presença com um ;) ou um :D, passamos para a segunda fase do jogo: o menu.

Vamos fazer o clássico dos clássicos, o hambúrguer caseiro, só que com um toque do Livro do Guga que você está lendo agora.

E, para que você ganhe essa partida, uma sobremesa que é uma reação químico-física que vocês podem ver acontecer juntinhos.

Com uma nerd, meu caro, você vai ter que partir para o ataque já na sobremesa. Se ficar no blá-blá-blá, a única coisa que você vai baixar nessa noite vai ser um software que ela descobriu que calcula quantas braçadas você tem que dar para ir nadando do Rio de Janeiro até as Ilhas Canárias.

Outra opção: se você for meio tímido, é jogar, depois do jantar, uma partida de Angry Birds ou do bom e velho Pac Man, aquele bonequinho comedor.

Quem perder tem que beijar o outro.

Game Over.

Menu para a nerd

Skins
Casquinhas de batata com queijo gouda, bacon e jalapeño

Duo pomodoro
Pizza de queijo edam e dois tipos de tomate e manjericão

Boloompaloompa
Bolo de chocolate de micro-ondas com calda e sorvete

Harmonização
Cerveja American Pale Ale

Skins

Ingredientes

2 batatas-inglesas
2 colheres (de sopa) de queijo cheddar ralado
2 colheres (de sopa) de bacon picado
1 colher (de chá) de jalapeño picado
Páprica
Sal a gosto

Modo de preparo

Asse as batatas no forno em temperatura média por 1 hora, envoltas em papel-alumínio.

Doure o bacon numa frigideira e reserve. (Reserve também o óleo em que fritou o bacon, para assar as casquinhas da batata.)

Retire as batatas do forno e deixe que esfriem. Corte-as ao meio e raspe a polpa com uma colher, deixando só as cascas, como uma barquinha.

Volte as cascas ao forno, só que numa assadeira com um fio de gordura do bacon no fundo, para que fiquem bem crocantes.

Tempere a polpa da batata que você retirou com um pouco de sal e páprica.

Recheie as cascas da batata com esse purê.

Salpique com o queijo, o jalapeño e o bacon e leve novamente ao forno, só para derreter o queijo e a batata ficar crocante.

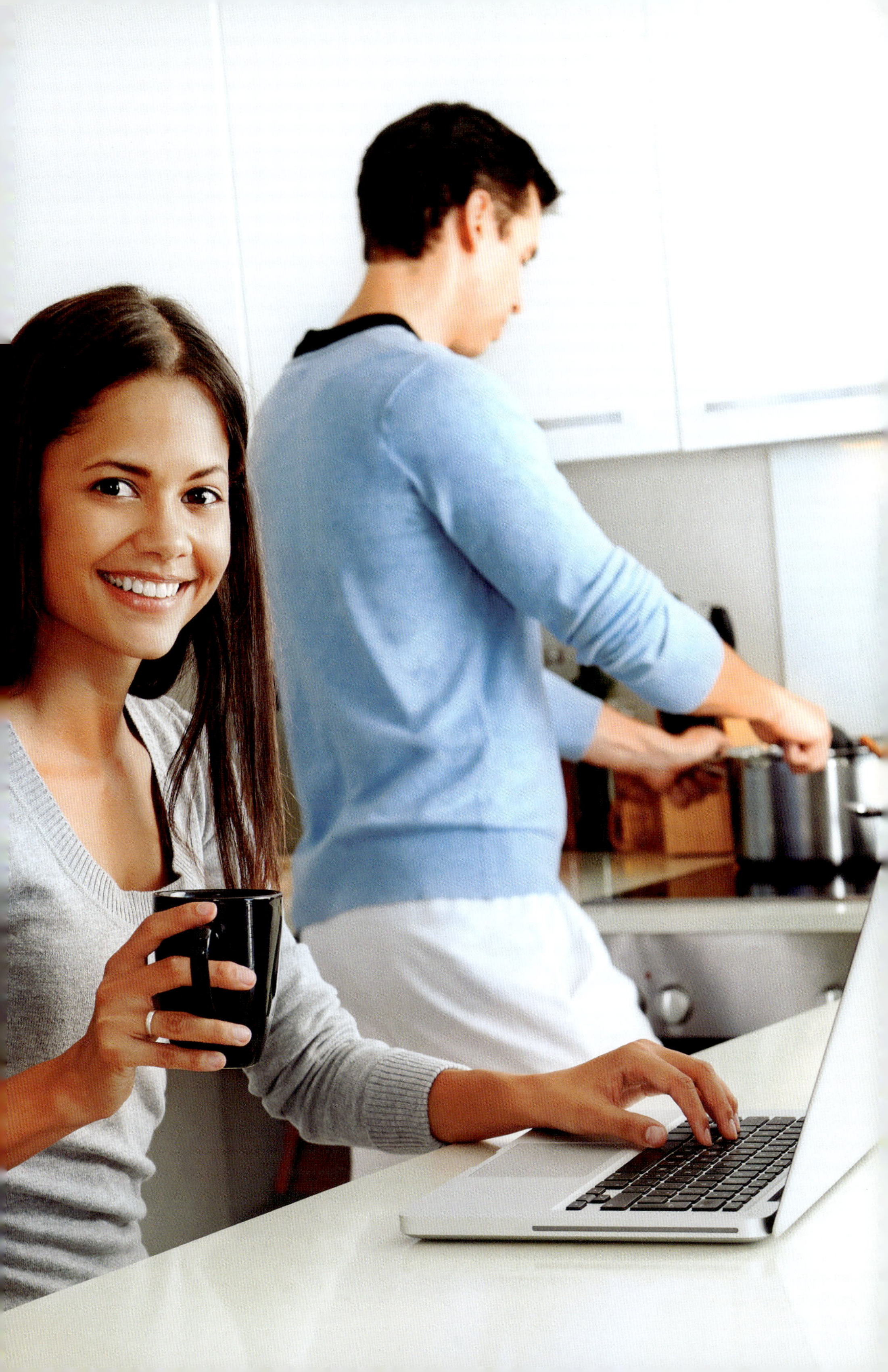

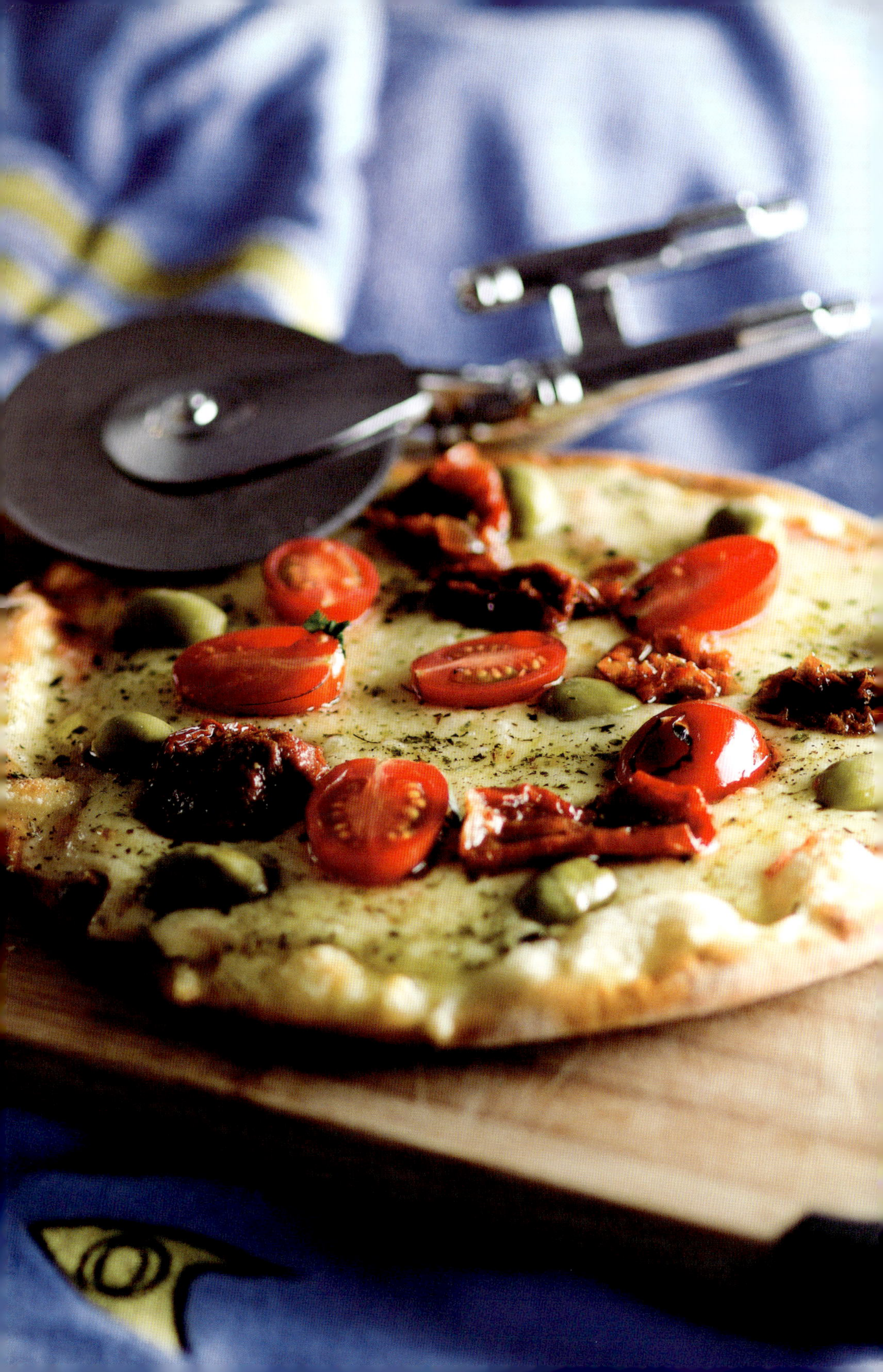

Duo pomodoro

Ingredientes

1 pizza pré-assada*

2 colheres (de sopa) de molho de tomate

Muito queijo edam (pizza tem que ter muito queijo – queijo é amor, desejo e luxúria)

5 tomates-cereja cortados em rodelas

1 colher (de sopa) de tomate seco picado

1 colher (de sopa) de folhas de manjericão fresco

1 colher (de chá) de orégano fresco (ou seco)

Modo de preparo

Passe o molho de tomate na massa de pizza, espalhando bem com uma colher, e leve ao forno médio para pré-assar por 15 minutos.

Retire do forno e disponha os outros ingredientes, menos o manjericão e o orégano.

Leve novamente a pizza ao forno, até terminar de assar.

Na hora de servir, salpique com as folhas frescas de manjericão e orégano.

*Use a mesma receita de massa de pizza descrita na página 150.

Neurótica por regime

Toda mulher gostaria de perder no mínimo 2 quilos. Muitas delas vivem em constante regime, seja o da lua, o da proteína ou aqueles em que você só come coisas que terminam no sufixo "ada", ou seja, nada.

As mulheres que vivem de dieta acham que até respirar mais fundo engorda – nesses casos, o convite para um jantar pode ser assustador.

A minha dica é a seguinte: minta. Na maior cara de pau. Invente que você também vive de dieta, que não vai a um rodízio de carne desde os 10 anos de idade e que odeia fritura.

E, para convencê-la de vez a ir jantar na sua casa, conte que você devorou este livro a aprendeu a fazer comidinhas com menos de 150 calorias.

Sabendo que uma hora de amor bem-feito gasta mais de 350 calorias, você convence a mocinha de que ela vai sair da sua casa mais magra do que quando entrou. É só fazer as contas!

Menu para a neurótica por regime

Carpaccio de melancia (50 calorias por porção)
Carpaccio de melancia com mostarda
francesa e ervas frescas

Camarão vietnamita (100 calorias por porção)
Camarões médios ao vapor com gengibre,
pimenta e coentro acompanhados de salada de
brotos e purê de beterraba assada

Granité do chef (65 calorias por porção)
Sorbet de café com creme de ricota e maple syrup

Harmonização
Água com gás com rodelas de laranja e folhas de hortelã

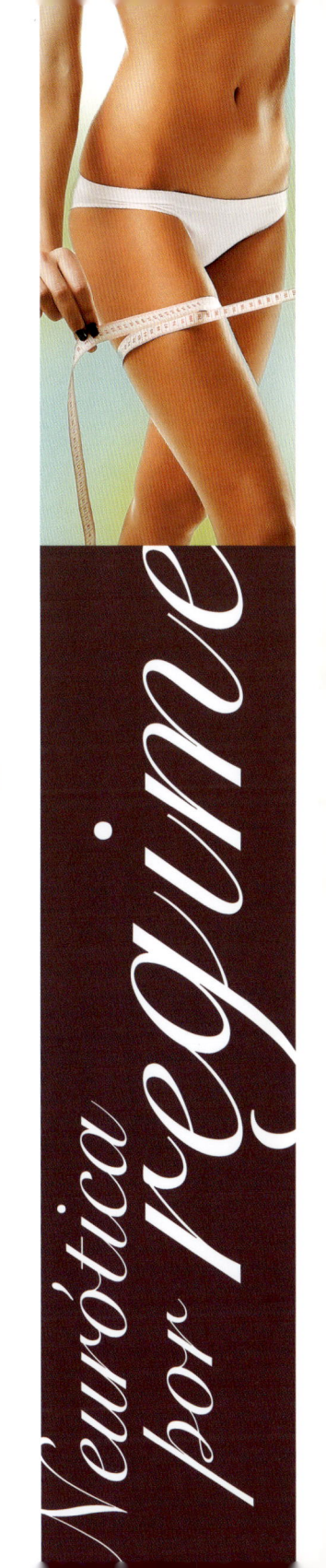

Carpaccio de melancia

Ingredientes

2 fatias de melancia
1 colher (de sopa) de mostarda francesa à moda antiga
3 alcaparras bem picadinhas
1 colher (de chá) de vinagre de maçã
Ervas frescas para decorar
Sal e pimenta-do-reino branca a gosto

Modo de preparo

Retire o suco da melancia pressionando-a com um pano limpo, até ficar só a fibra, parecendo carne.

Misture a mostarda com as alcaparras e o vinagre e tempere a melancia com esse molho.

Cubra com as ervas frescas e sirva.

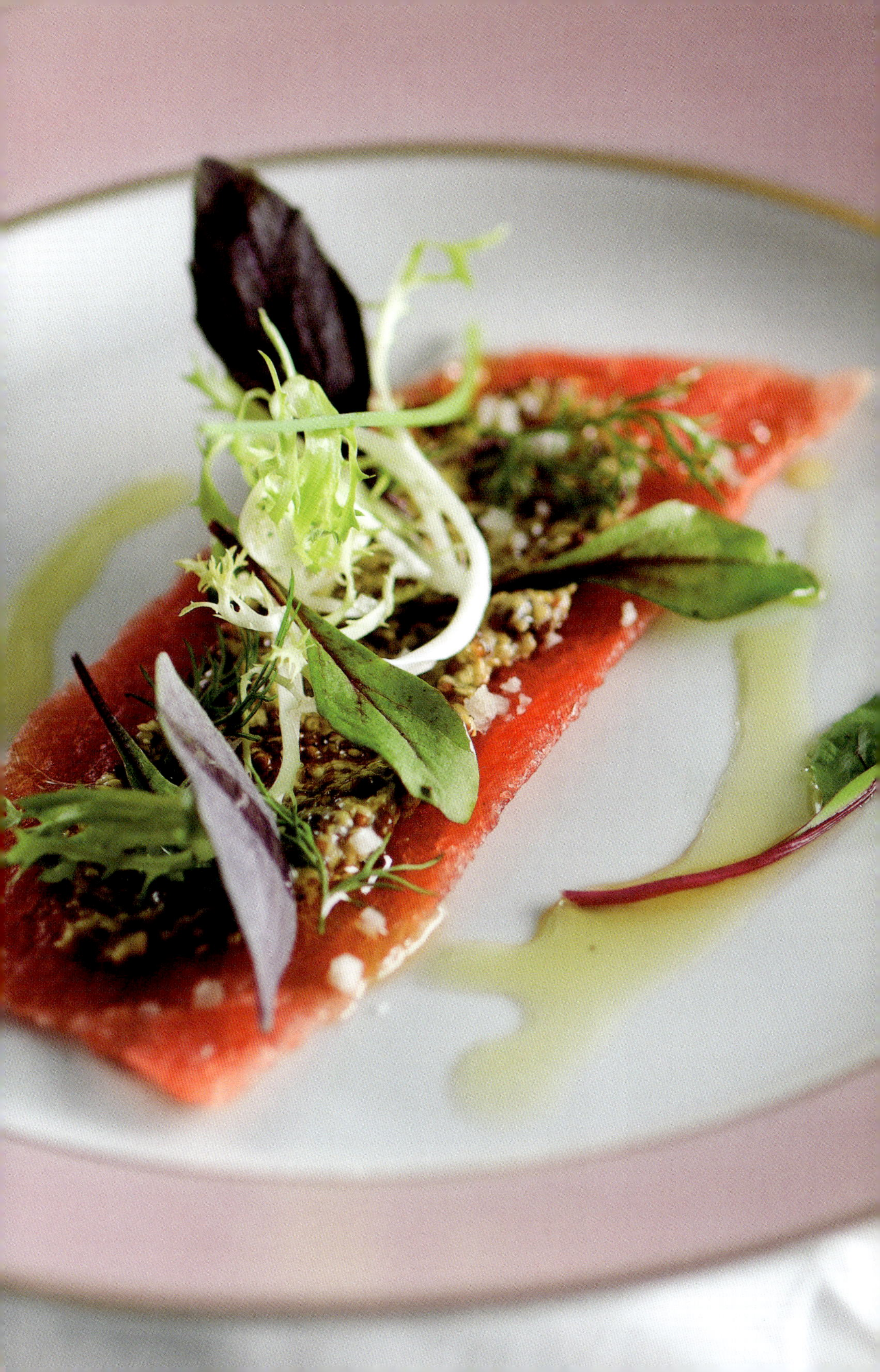

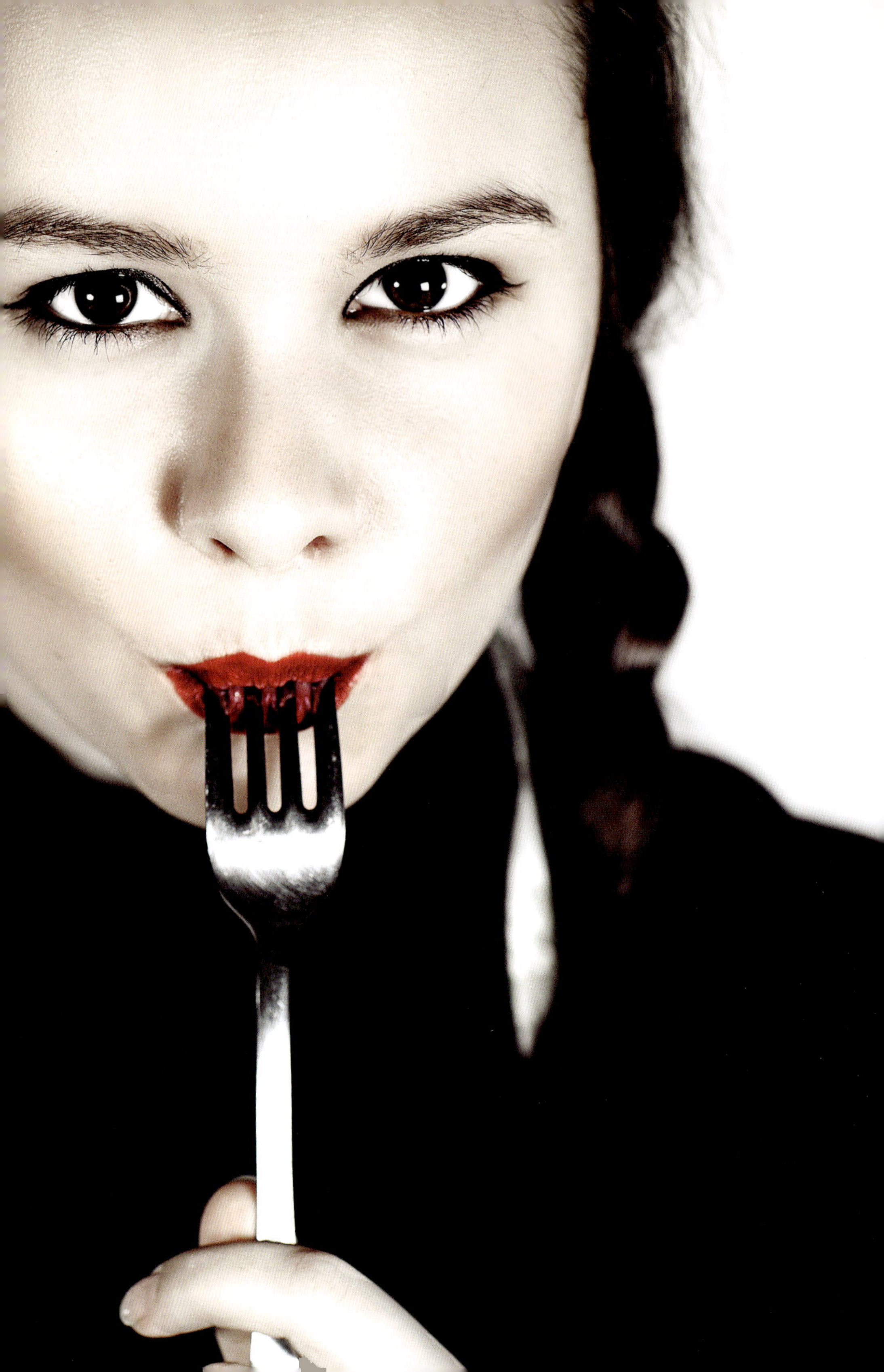

Camarão vietnamita

Ingredientes

16 camarões médios
1 colher (de sopa) de gengibre bem picadinho
1 colher (de sopa) de coentro picado
1 colher (de chá) de pimenta-dedo-de-moça picada (sem sementes)
1/2 colher (de chá) de cominho (só pra dar um perfume)
1/2 colher (de chá) de zest de limão
Sal a gosto

Modo de preparo

Tempere os camarões com todos os ingredientes e deixe-os na geladeira por pelo menos duas horas para pegar sabor.

Leve-os então ao vapor (você pode usar uma cuscuzeira ou uma peneira improvisada mesmo).

Purê de beterraba assada

Ingredientes

2 beterrabas grandes
1/2 limão
1 fio de óleo de canola
Sal e pimenta-do-reino a gosto

Modo de preparo

Esfregue o óleo de canola nas beterrabas e leve-as ao forno médio, envolvidas em papel-alumínio, por 20 minutos.

Retire-as do forno, retire as peles e passe as beterrabas no processador até obter um purê.

Tempere com sal e pimenta e o sumo de meio limão. (A outra metade do limão você vai servir com os camarões, para temperá-los no final.)

Granité do chef

Ingredientes

2 xícaras de café bem forte
2 colheres (de chá) de creme de ricota light
2 colheres (de chá) de maple syrup

Modo de preparo

Leve o café para congelar em um recipiente largo.

Então, retire-o do freezer e raspe com um garfo para que fique como um granizo de café.

Misture o maple com a ricota.

Sirva numa taça de vinho (ou em um copo de vidro bonito), alternando camadas de granité, creme de ricota e maple.

Decore com folhas de hortelã.

Boloompaloompa

Ingredientes

Massa
1 ovo
4 colheres (de sopa) de leite
3 colheres (de sopa) de manteiga sem sal
2 colheres (de sopa) de chocolate em pó
3 colheres (de sopa) de açúcar
4 colheres (de sopa) de farinha de trigo
1 colher (de chá) de fermento em pó

Calda
250 g de chocolate meio amargo
150 ml de creme de leite fresco

Modo de preparo

Massa

Num bowl, bata bem o ovo com um garfo.

Acrescente a manteiga (derretida), o açúcar, o leite, o chocolate e bata mais um pouco.

Acrescente a essa mistura a farinha de trigo e o fermento.

Disponha em canecas e leve ao micro-ondas na potência máxima entre 2 e 3 minutos.

Calda

Derreta o chocolate no micro-ondas, aqueça o creme de leite e misture bem.

Dica do Guga

Colocar castanhas, frutas secas ou coco na receita da massa também fica show de bola.

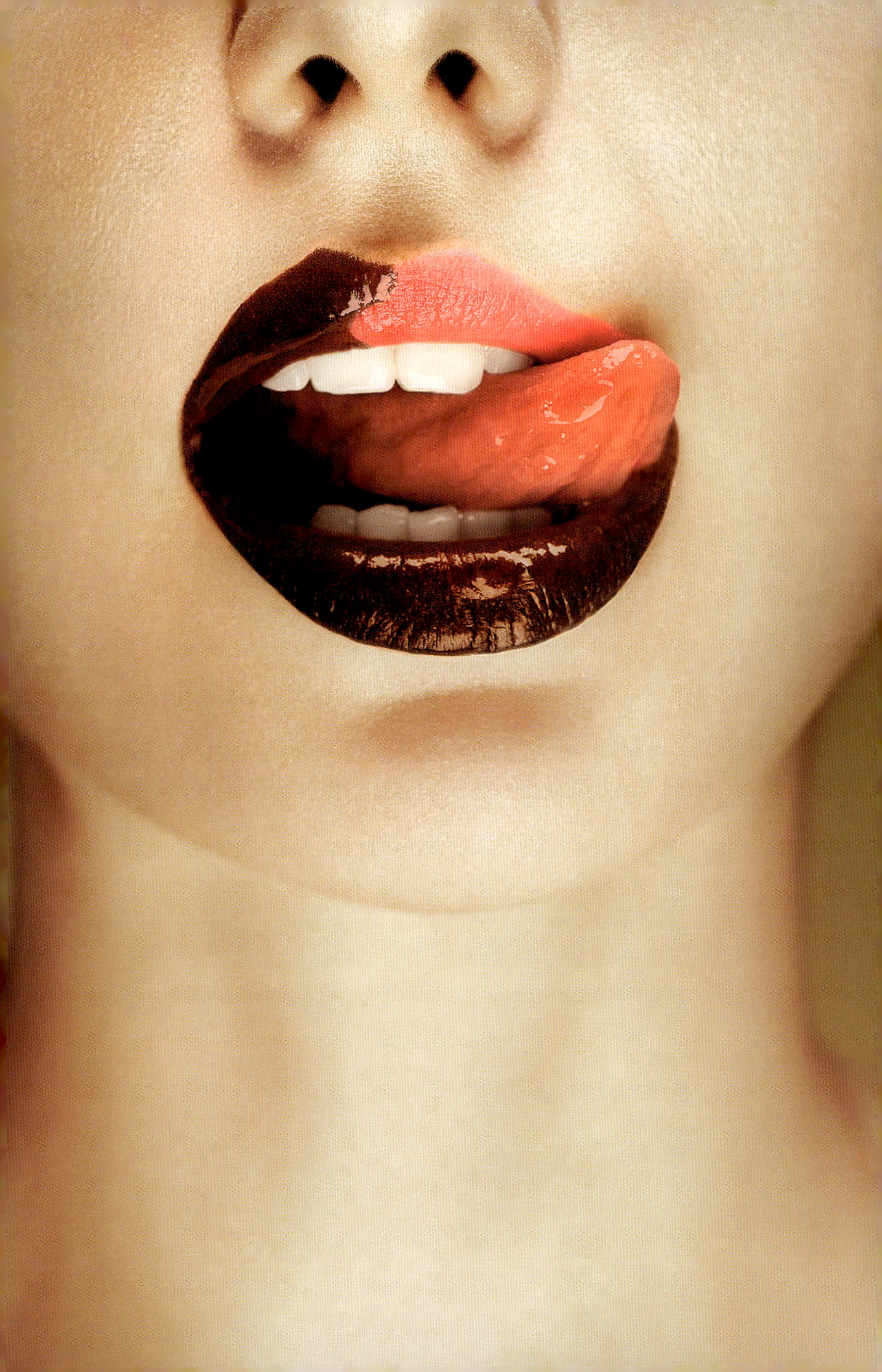

Rata de academia

Ela gastou muito tempo, suor e dinheiro para ficar assim, marombada, musculosa e boazuda.

Seu quadríceps é de dar inveja a qualquer ciclista profissional. Seu bíceps levanta até um contêiner lotado de soja, o abdome parece uma tartaruga de casco pra baixo e você, um homem de coragem, vai convidar essa mulher pra jantar na sua casa?

Meu conselho, meu amigo, é jogar uma indireta e fazer um prato bem sutil: rã.

Esqueça a fritura, porque essa mulher nem sequer sabe o que é uma frigideira.

Ela só toma pílula, pozinho diluído e isotônico.

E se você anda meio fora de forma, quer dizer, sua barriguinha está saliente e seu bíceps em depressão, aproveite pra fazer uma refeição saudável, pelo menos uma vez na vida.

Sim, porque essa criatura não come sal nem açúcar, não bebe refrigerante, é a única pessoa que sabe o significado de ascórbico, monossódico e glutamato e vai te explicar, em detalhes, como o organismo absorve as vitaminas B2, B1, B6, E e A.

Se um dia ela pensar em abrir mão da barriga tanquinho para ter uma filha, é capaz de dar a ela o nome de Proteína. Se for menino, provavelmente irá se chamar Cálcio.

O ideal para conquistar uma rata de academia seria arrasar na gastronomia molecular, mas, como isso requer muita experiência, o que não deve ser o seu caso, aqui vai a minha sugestão de menu para essa mulher não querer te matar depois, achando que tem que perder todas as calorias consumidas na mesa, mais tarde, na cama.

Menu para a rata de academia

Salada supino
Salada com ovo cozido recheado com creme de ricota light e folhas verdes com azeite e nozes

Espaguete saúde é o que interessa
Espaguete de quinoa ao molho de tomate rústico e atum

Gelatina tropical
Gelatina com frutas e água de coco

Harmonização
Água de coco

Salada supino

Ingredientes

Mix de folhas
2 ovos cozidos
2 colheres (de sopa) de creme de ricota light
1 colher (de chá) de salsinha picada
1 colher (de chá) de gergelim negro
1 colher (de sopa) de nozes
2 colheres (de sopa) de azeite
Sal e pimenta-do-reino a gosto

Modo de preparo

Deixe os ovos esfriarem, retire as cascas e corte-os ao meio (descarte as gemas ou guarde-as para comer à noite num sanduba, hehe)

Misture a ricota com a salsinha, o gergelim, sal e pimenta e recheie os ovos.

Tempere a salada com azeite e sal e sirva com os ovos e as nozes.

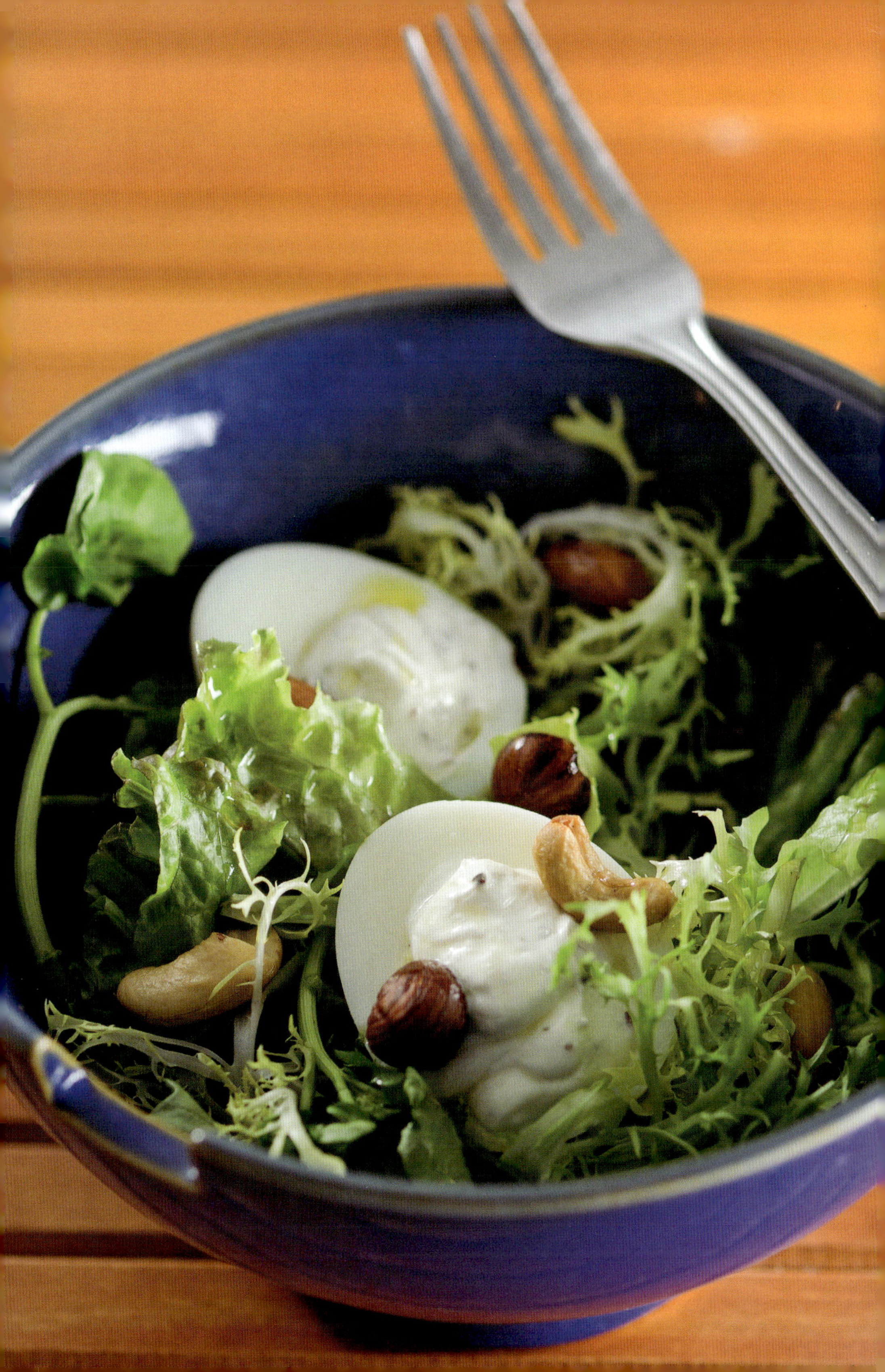

Espaguete saúde é o que interessa

Ingredientes

169 g de espaguete de quinoa (169 g só para ser cabalístico, hahaha)
1 lata de tomate italiano pelado
1 lata de atum sólido
1 colher (de sopa) de azeite
1 colher (de sopa) de manjericão picado (guarde algumas folhas para decorar)
Sal, pimenta-do-reino e queijo ralado a gosto
1/2 cebola picada
1 dente de alho picado

Modo de preparo

Em uma panela, aqueça o azeite e refogue levemente a cebola e o alho. Junte os tomates e o manjericão.

Leve ao fogo baixo, mexendo de vez em quando, e cozinhe até o tomate começar a desmanchar.

Enquanto isso, em uma panela grande, cozinhe o macarrão em água fervente abundante com sal (tem de ter gosto de água do mar).

Escorra, regue com o molho quente e sirva imediatamente com os pedaços de atum, queijo ralado e algumas folhas de manjericão para decorar.

Gelatina tropical

Ingredientes

3 xícaras de água de coco
1 pacote de gelatina sem sabor incolor (8 g)
Frutas tropicais picadas (ou a fruta que você quiser)

Modo de preparo

Polvilhe a gelatina por cima da água de coco e deixe descansar por 1 minuto.

Aqueça em fogo médio/baixo, mexendo constantemente, até a gelatina dissolver.

Retire do fogo e deixe esfriar.

Coloque as frutas na taça e complete com a gelatina.

Gele por umas 2 horas até firmar.

Rica

Se você está de olho numa mulher rica, espero que você também seja rico.

Esse negócio de inclusão sexo-social só existe em minissérie americana.

Se você está dando gorjeta de 100 reais pro manobrista, então pode se jogar pra conquistar a rica. Agora, se você estaciona na esquina porque acha o preço do *valet* um absurdo, esqueça, meu amigo. Sua banca vai quebrar.

Para convidar uma rica pra jantar na sua casa, óbvio que com segundas intenções, a sua cuequinha tem que ser, no mínimo, Calvin Klein. E de seda.

O terno tem que estar impecável e a gravata idem. Sapatos de couro alemão e abotoaduras de ouro vão fazê-la se apaixonar por você de cara.

Um charuto também dá pinta de rico, mas empesteia o ambiente. Melhor deixar pra lá.

Rico de verdade não ouve lelek lek lek. Rico ouve jazz, música clássica ou aquele tipo de MPB meio bestinha, como a Marisa Monte cantando samba em francês, Maria do Céu em parceria com Mercedes Sosa ou a Maria Gadú fazendo dueto com Los Tigres del Norte.

A casa, meu caro, tem que ser um luxo. Obras de arte, móveis de design, cortinas de seda pura da Índia.

Portanto, se não está com essa bola toda, você tem duas opções: continue insistindo na Mega-Sena ou tente pegar a prima da rica, que não é tão rica assim, mas a genética deve ser parecida.

Menu para a rica

Canapé de caviar e mandioca
Eu gosto de abrasileirar tudo, então segura essa!

Pato ao molho de cerejas e saladinha de ervas
Deliciosa receita agridoce que fica linda no prato e no pato

Verrine de damasco e veludo branco
Sobremesa metida a besta, mas muito
gostosa, como essa rica deve ser

Harmonização
Touriga nacional

Canapé de caviar e mandioca

Ingredientes

100 g de mandioca palito (compre a mandioca cortada em palito congelada)
50 g de cream cheese
30 g de caviar
Azeite de oliva
Sal e pimenta-do-reino a gosto

Modo de preparo

Unte uma assadeira com azeite de oliva e leve a mandioca ao forno até dourar.

Retire do forno e tempere os palitos de mandioca com sal e pimenta.

Misture o creme de leite com o cream cheese, batendo com um *fouet*. Coloque uma pequena porção numa das pontas do palito de mandioca e disponha o caviar por cima.

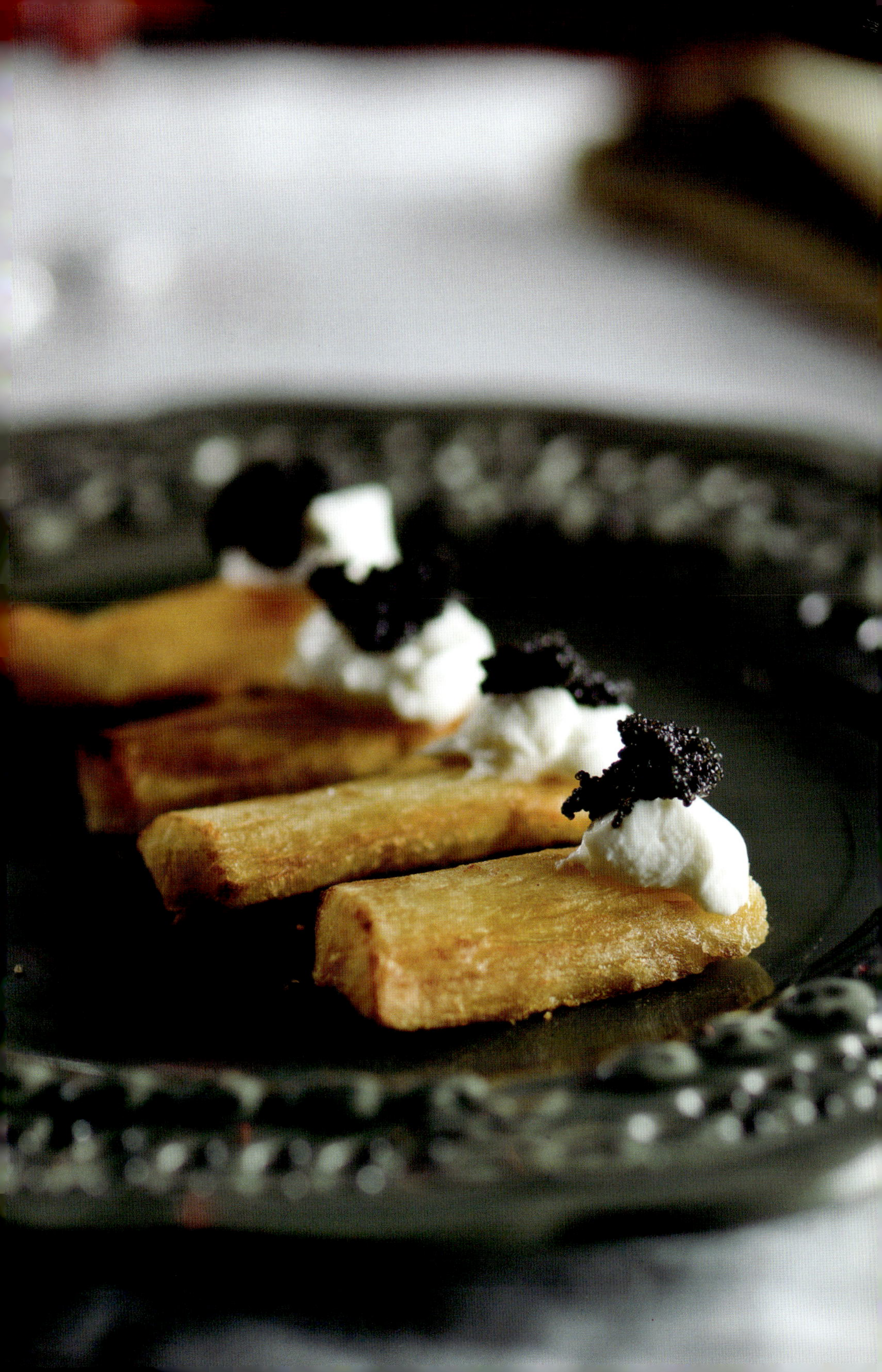

Pato ao molho de cerejas e saladinha de ervas

Ingredientes

2 peitos de pato

2 colheres (de sopa) cheias de geleia de cereja (compre uma daquelas com pedaços)

2 copos de vinho branco seco

1 colher (de sopa) de manteiga gelada

1 colher (de sopa) de vinagre

1 colher (de chá) de azeite

Mix de ervas variadas (endro, coentro, salsinha crespa)

Sal e pimenta-do-reino preta a gosto

1 fio de óleo de gergelim torrado (eu gosto porque dá sabor)

Modo de preparo

Faça cortes em X marcando a gordura do pato, mas com cuidado, para não chegar até a carne.

Tempere com sal e pimenta-do-reino ambos os lados do peito.

Aqueça o óleo em uma frigideira e coloque o peito do pato com a pele para baixo.

Deixe em fogo baixo até que a pele fique dourada.

Vire o peito do pato e deixe por mais 2 minutos.

Retire a carne da frigideira, ponha numa tábua e deixe descansar.

Molho

Na frigideira em que fritou o pato, ficou uma gordura muito saborosa.

Acrescente a ela o vinho branco e com uma espátula retire todas as crostas que possam estar grudadas no fundo da frigideira (lá onde está o sabor).

Coe essa mistura de gordura de pato e vinho e devolva-a para a panela.

Adicione a geleia a essa mistura e mexa bem, para que vire um molho.

Tempere com pimenta, sal e junte a manteiga gelada.

Despeje essa redução sobre o pato na hora de servir.

Saladinha de ervas

Misture as ervas e tempere com vinagre, azeite, sal e pimenta.

Verrine de damasco e veludo branco

Ingredientes

2 damascos frescos
50 g de damascos secos
100 g de amêndoas torradas sem casca
500 ml de creme de leite fresco
1 colher (de sopa) de ricota cremosa
1 colher (de sopa) de mel de abelha
1 colher (de sopa) de açúcar
1 xícara de vinho branco

Modo de preparo

Em uma batedeira, bata o creme de leite com o açúcar e o mel até virar um chantili consistente (muito cuidado para não deixar passar do ponto e amanteigar).

Pique grosseiramente os damascos frescos e os secos.

Quebre as amêndoas em pedaços menores.

Misture os damascos e as amêndoas ao chantili, delicadamente, para obter uma distribuição uniforme.

Coloque numa taça bonita e leve ao congelador por 5 horas.

Decore com damascos em cubinhos e amêndoas.

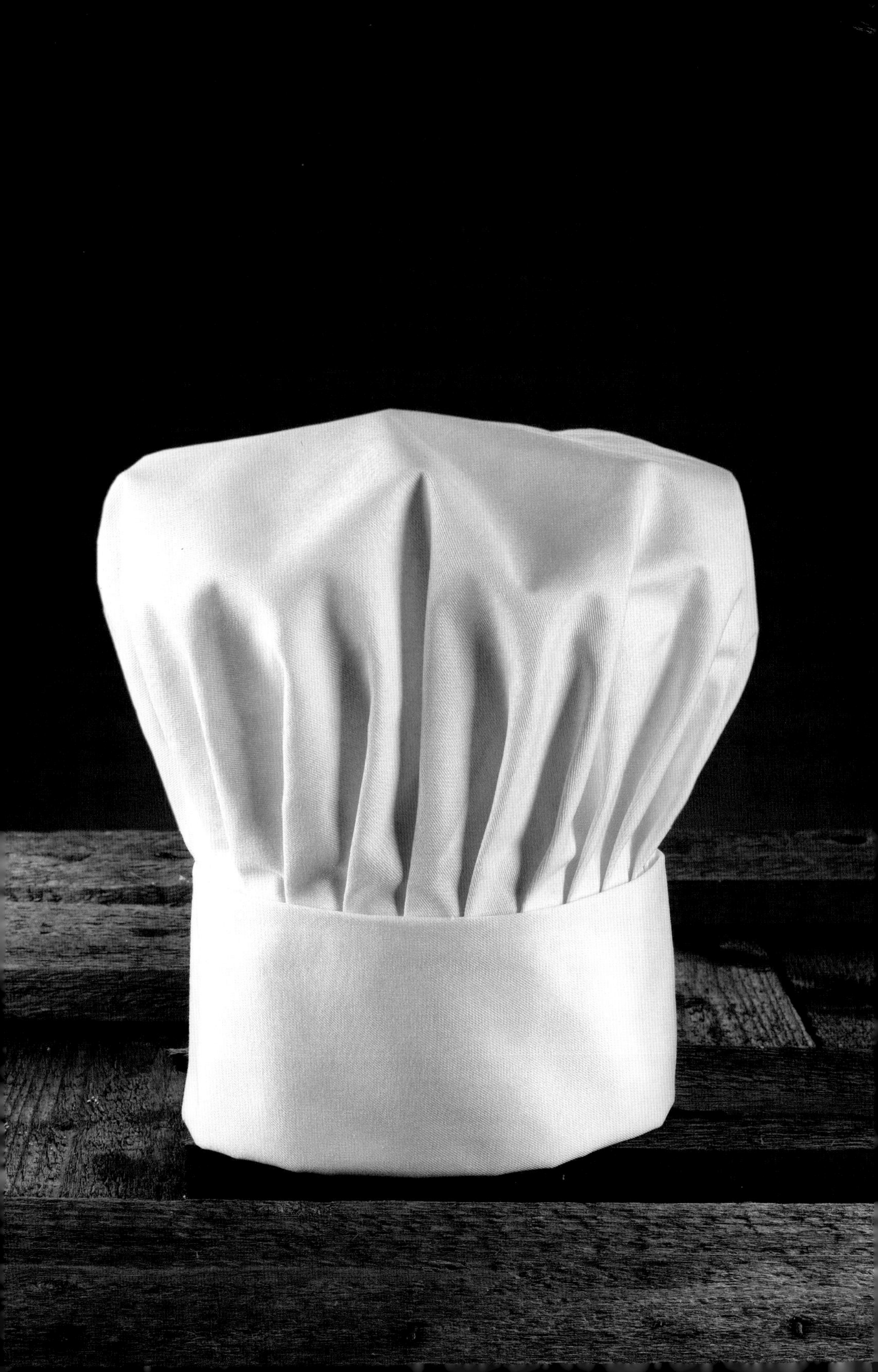

Romântica

Nesse caso o ambiente conta muito. Mulher romântica repara no todo, no conjunto da obra. Na decoração da casa, na música, na mesa e no cardápio.

Geralmente ela é fofa e vai trazer um presentinho para você. Fala manso, fala baixo e fala pouco. Usa vestidinho florido e *lingerie* rosa. Esqueça o vestido periguete e a sandália plataforma.

Uma mulher romântica adora um homem romântico também. Nesse caso, aquela teoria de que os opostos se atraem vai por água abaixo.

Se você quer pegar uma romantiquinha, capriche na toalha de mesa e nos lençóis.

Coloque uma música mais calma, mas também não precisa atacar de Norah Jones, porque dá sono.

Coloque flores na mesa, enrole o guardanapo em forma de coelhinho, acenda velas e deixe a casa impecável.

Nada de receber a convidada de avental e mão cheirando a manteiga. Prepare tudo antes e esteja nos trinques quando ela chegar.

Românticas adoram drinques com bolinhas. Champanhe, prosecco ou até mesmo água com gás.

Uma boa dica é um bichinho de estimação. Se você não tem, adote um por uma noite. Pegue emprestado o *hamster* da sua sobrinha, o gato da sua avó ou a calopsita da sua irmã. Evite os cães. Eles vão latir feito loucos quando ela chegar ou, pior ainda, marcar território durante o jantar fazendo um pipizinho básico atrás da cortina, na melhor das hipóteses.

No cardápio, uma boa dica é decorar os pratos com flores comestíveis e servir docinhos temáticos. Use e abuse dos frufrus, mas só no prato dela. O seu vai no modelo *standard,* pra ela não te achar meio boiola.

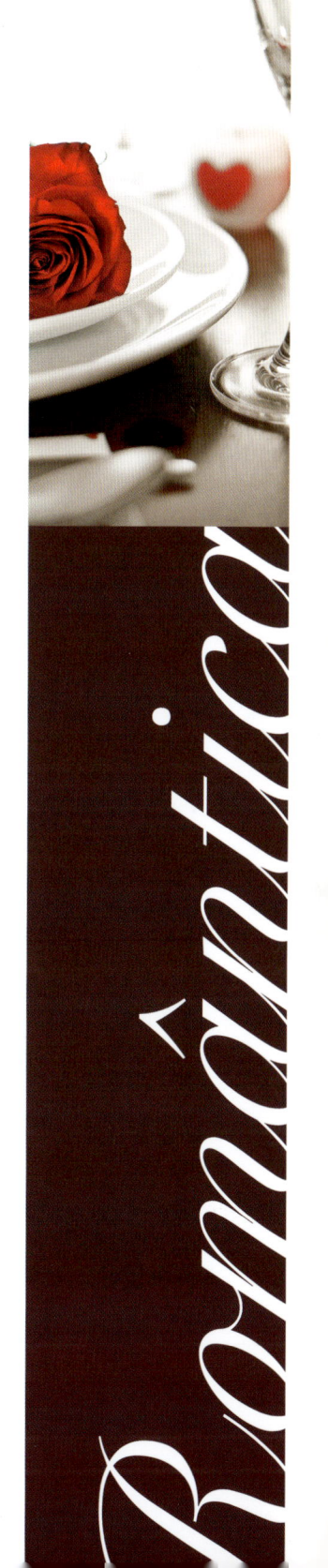

Menu para a romântica

Salada buquê de flores
Uma linda salada em forma de buquê

Risoto love of my live
Risoto de aspargos com limão-siciliano e camarões

Morangos do amor
Morangos ao Cointreau com baunilha e sorvete

Harmonização
Champanhe rosé brut ou um bom espumante nacional

Salada buquê de flores

Ingredientes

2 folhas de alface
2 folhas de rúcula
2 folhas de alface frisée
2 folhas de alface roxa
2 fatias de presunto de Parma
2 cebolinhas (passadas em água quente para ficarem maleáveis)
Flores comestíveis
1 colher (de sopa) de azeite
1 colher (de sopa) de vinagre balsâmico

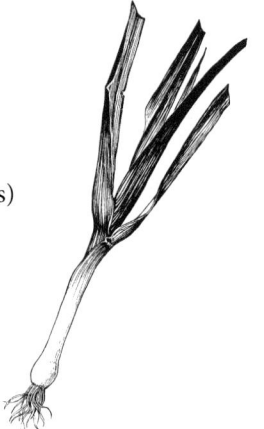

Modo de preparo

Monte um buquê com as folhas e finalize com o presunto de Parma. Amarre tudo com a cebolinha.

Coloque as flores para ficar bem estético no buquê.

Tempere o prato com azeite e balsâmico.

Risoto love of my life

Ingredientes

1 e 1/2 xícara de arroz arbóreo
2 e 1/2 xícaras de caldo de legumes
2 colheres (de sopa) de vinho branco
1/2 colher (de chá) de raspas de limão-siciliano
(só a parte amarela, porque a parte branca amarga)
1 colher (de chá) de sumo de limão-siciliano
1 colher (de sopa) de manteiga gelada para finalização
2 colheres (de sopa) de queijo parmesão ralado
1 xícara de aspargos cortados
2 colheres (de sopa) de cebola picada
1 colher (de chá) de azeite
150 g de camarão
Sal e pimenta-do-reino a gosto

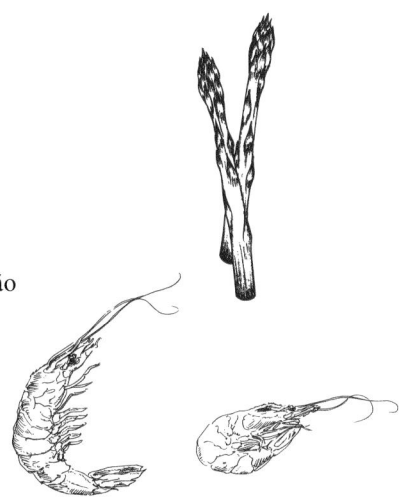

Modo de preparo

Tempere o camarão com o sumo de limão, o sal e a pimenta.

Enquanto isso, em uma panela, aqueça o azeite e refogue a cebola, acrescente o arroz e refogue por mais alguns minutos, até o grão ficar meio transparente.

Adicione o vinho e deixe evaporar.

Vá colocando o caldo de legumes aos poucos, continuando a cozinhar.

No final, junte os aspargos e os camarões, mexendo sempre.

Lembre-se de que o arroz deve ficar *al dente* (nem muito duro nem muito mole). Adicione as raspas de limão, a manteiga e o queijo ralado.

Mexa bem e sirva.

Morangos do amor

Ingredientes

2 bolas de sorvete de baunilha
2 xícaras de morangos maduros
2 colheres (de sopa) de açúcar
1 colher (de sopa) de mel
5 colheres (de sopa) de Cointreau (ou licor de laranja)
1 fava de baunilha
Folhas de hortelã

Modo de preparo

Retire os talos e folhas dos morangos e lave-os muito bem.

Corte-os ao meio e misture o licor, o açúcar e a baunilha e deixe marinando em geladeira por 3 horas.

Numa taça ou cumbuca bonita, acomode uma bola de sorvete e os morangos e finalize com as folhas de hortelã e as favas da baunilha para decoração.

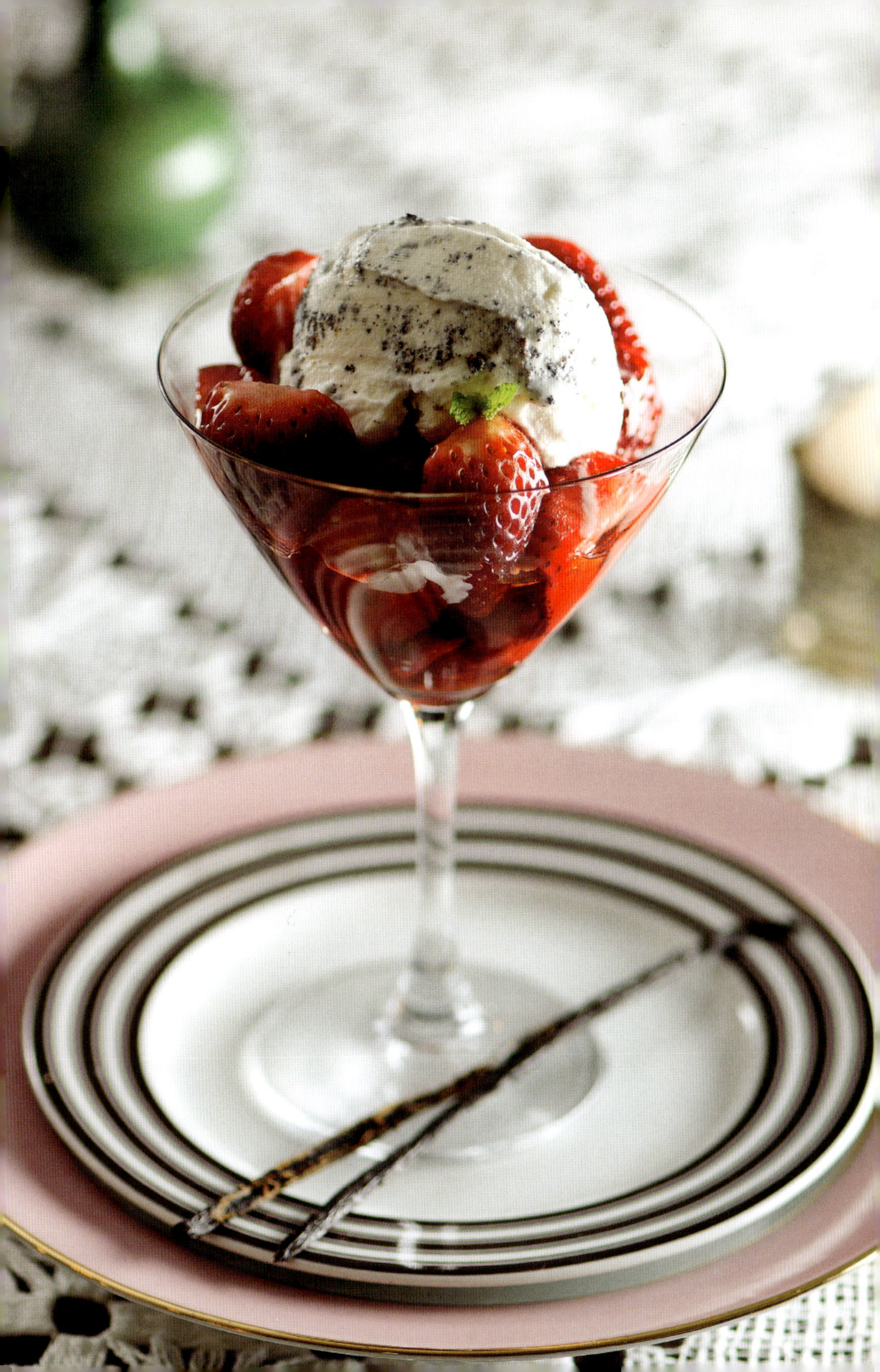

Vegetariana

Se o ser vivo faz oinc, bééé ou muuu, ela não curte. Uma mulher vegetariana não tem segredos. Pelo menos não em relação ao que ela come.

Mas e você? Por acaso já cozinhou uma maço de brócolis na sua vida?

Como chef, confesso que amo cozinha vegetariana e, definitivamente, um menu à base de vegetais não precisa ser chato, sem gosto e só com folhas. O vegetarianismo é mais que uma opção alimentar, é uma filosofia de vida. Se você entender isso, com certeza já estará a meio caminho para conquistar um coração verde.

Tem vegetariana mais radical que talibã, e criar um cardápio vegetariano original não é muito fácil para quem acha que chef é aquele cara mala que manda em você lá na firma.

Se você não é vegetariano – muito pelo contrário –, só será nessa noite, para impressionar. Esconda tudo o que há na sua geladeira que lembre animal. Mande a picanha congelada e os ovos pro freezer da vizinha – o pior de tudo é que sem o "zoio" já diminuem 50% das possibilidades de receitas na sua cozinha.

Mas vamos em frente que deve valer a pena.

Quem é "vegeta" geralmente tem um quê de natureba, e isso quer dizer nada de álcool também. Difícil, hein?

Mas isso não é regra; pergunte antes se ela bebe, para ter a opção de fazer um chá gelado irado e deixá-la feliz.

É verdade que existem vários níveis de vegetarianismo, então, para você não correr nenhum risco, que tal um menu totalmente vegano, sem nenhuma proteína animal?

Sirva a comida em pequenas porções, em potinhos à moda indiana, acompanhada de pão folha ou pão árabe fino para serem usados como talheres. Ela vai ficar verde de alegria!

Em último caso, meu amigo, se tudo der errado, ligue pra sua mãe e peça aquela receita de torta de palmito e de bolo de cenoura de liquidificador com cobertura de chocolate. Toda mãe tem.

Menu para a vegetariana

Grão-de-bico hot
Grão-de-bico com molho de tomate apimentado

Curry veggie
Curry de ervilha, batata e tofu frito

Raita
Molho de iogurte e pepino temperado com hortelã

Verrine vegana
Verrine vegana de chocolate e cupuaçu

Harmonização
Cerveja American Brown Ale

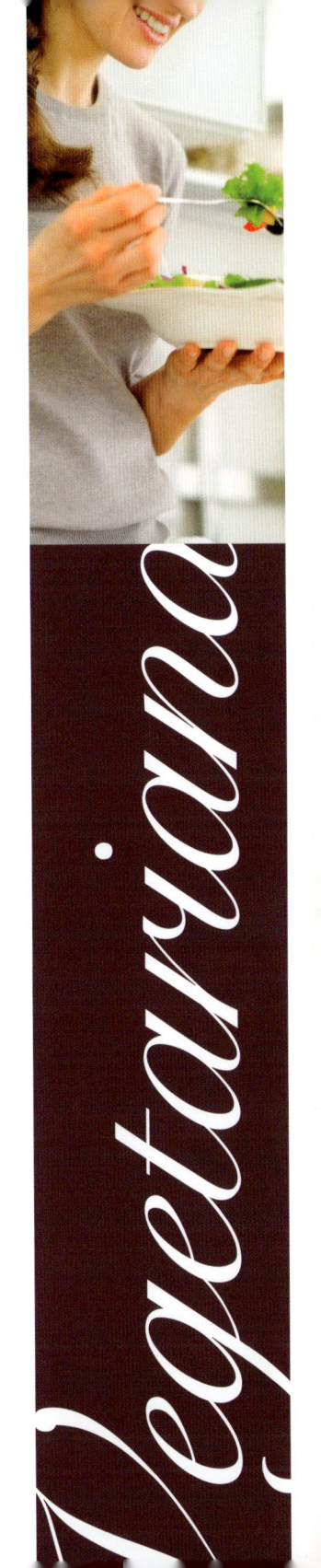

Grão-de-bico hot

Ingredientes

1 caixinha de grão-de-bico pré-cozido
1 lata de tomate italiano
1 colher (de sopa) de tabasco
1 colher (de chá) de salsinha picada
1/2 cebola bem picadinha
1 dente de alho bem picadinho
1 pitada de pimenta-do-reino moída
1/2 pitada de cominho em pó (bem pouco mesmo)
1/2 pitada de cardamomo em pó (bem pouco mesmo)
1 colher (de chá) de azeite de oliva
1 colher (de chá) de óleo de amendoim
Sal a gosto

Modo de preparo

Aqueça o óleo de amendoim numa panela e refogue o alho e a cebola junto com todos os temperos (menos a salsinha), para liberar bem os aromas.

Amasse o tomate grosseiramente com um garfo, junte-o aos outros ingredientes na panela e deixe ferver, mexendo bem.

Misture o grão-de-bico e a salsinha a essa preparação e tire a panela do fogo.

Acerte o sal (use pouco; vegetarianos geralmente não usam tanto sal).

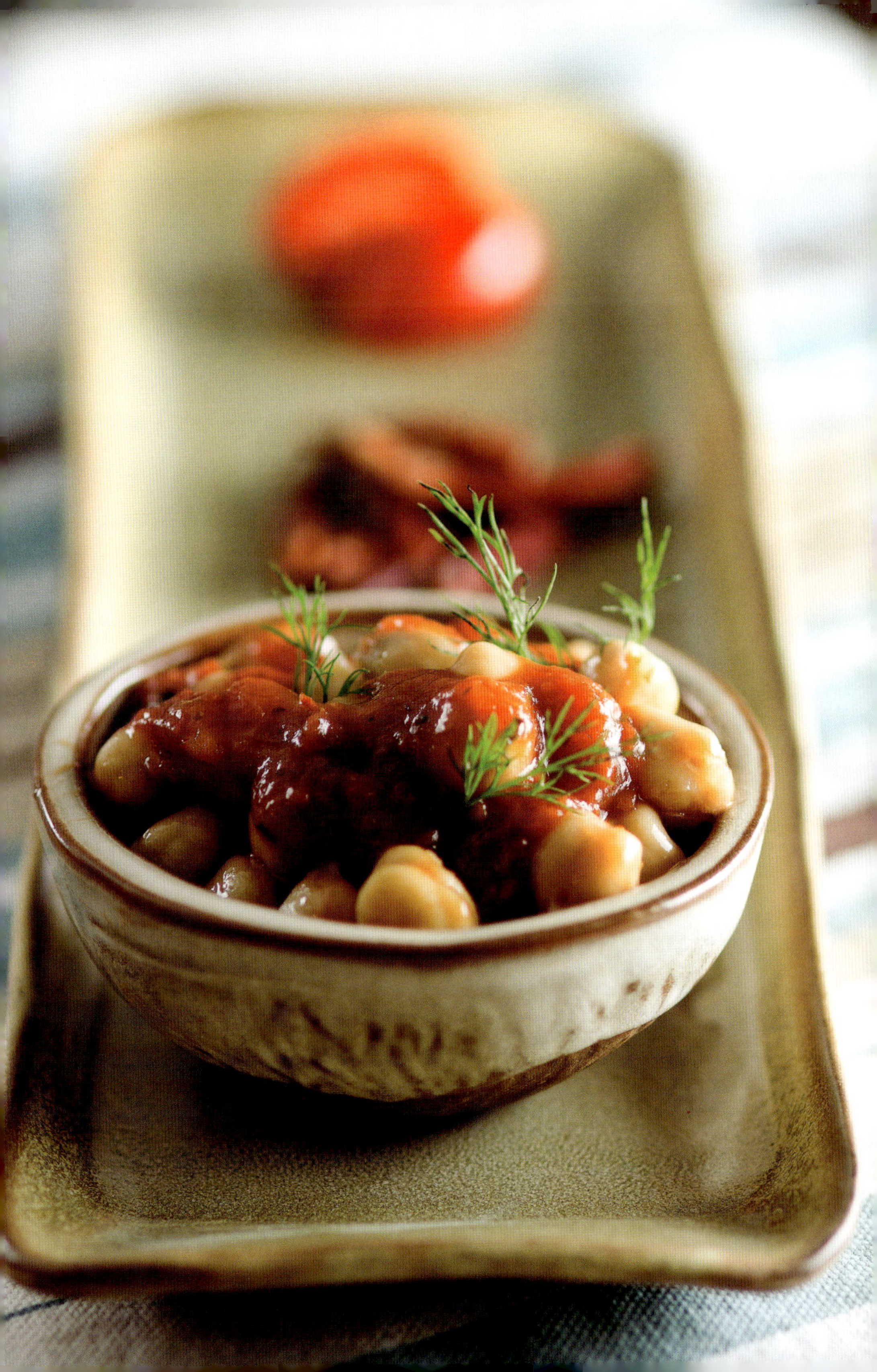

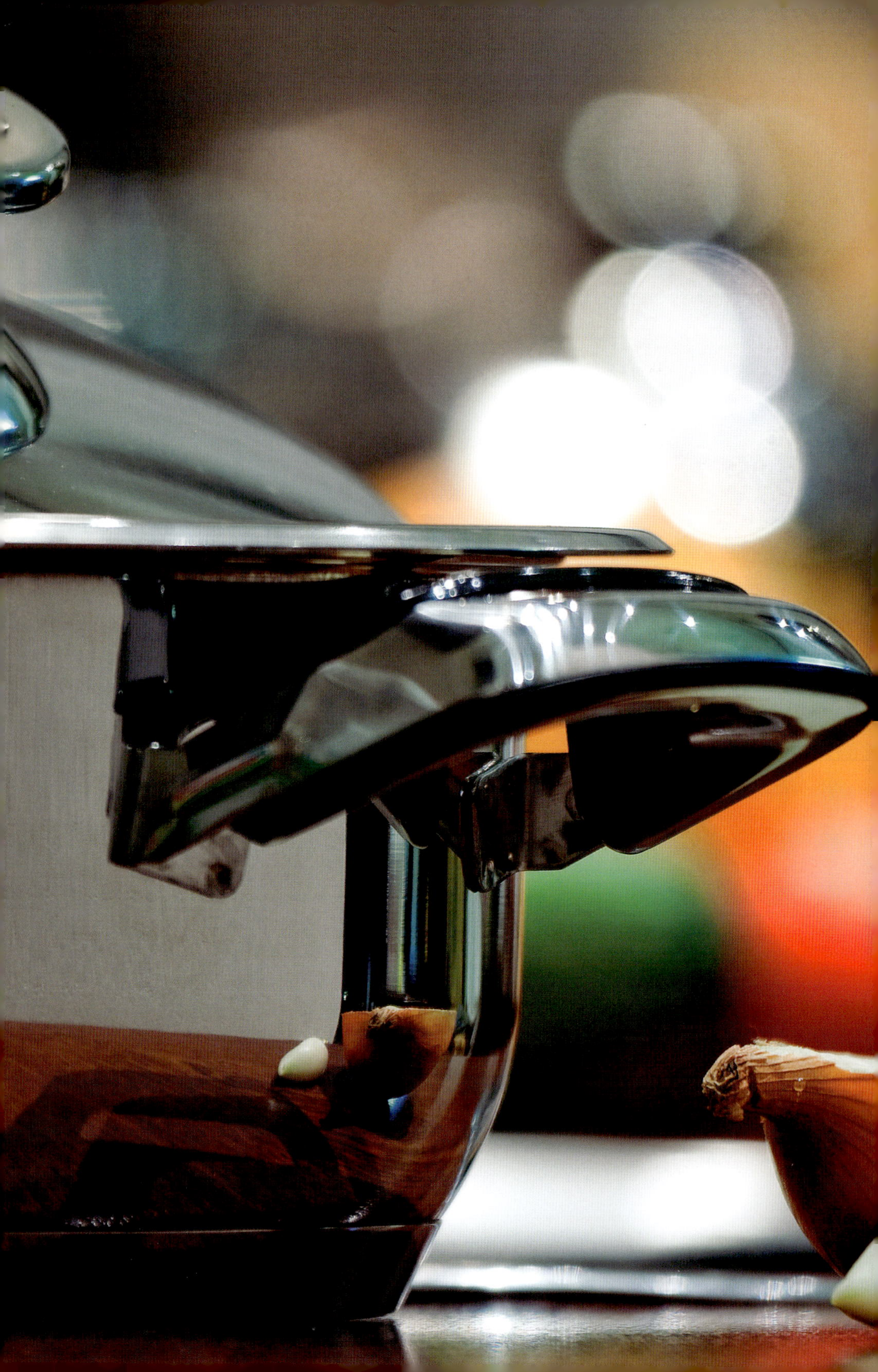

Curry veggie

Ingredientes

1 batata-inglesa média
50 g de ervilhas congeladas
1 colher (de chá) de curry amarelo
1 xícara de iogurte
1 cebola bem picadinha
1 dente de alho bem picadinho
1/2 pitada de canela em pó
100 g de tofu
1 colher (de sopa) de farinha de trigo
1 colher (de chá) de óleo de soja
1 colher (de chá) de manteiga
Sal e pimenta-do-reino a gosto

Modo de preparo

Cozinhe a batata em água com uma pitada de sal. Descasque-a e corte-a em pedaços.

Aqueça uma panela com 1 xícara de água e, quando estiver fervendo, junte as ervilhas e cozinhe ate mudarem de cor.

Retire as ervilhas da água quente e jogue-as na água com gelo para dar um choque.

Numa panela com uma colher de óleo de soja, frite o tofu cortado em cubos e levemente passado na farinha de trigo, só para não grudar muito. Reserve.

Em outra panela, frite a cebola e o alho na manteiga e junte as batatas, ervilhas, o iogurte, o curry, a canela e o tofu e sirva.

Raita

Ingredientes

200 ml de iogurte natural
1/2 pepino
1 colher (de sopa) de hortelã
Sal e pimenta-do-reino a gosto

Modo de preparo

Rale o pepino no ralador grosso de queijo e esprema num pano limpo para retirar a água.

Então, misture o pepino ao iogurte e à hortelã.

Tempere com sal e pimenta e sirva.

Verrine vegana

Ingredientes

300 ml de leite de soja
1 polpa de cupuaçu congelada
1 colher (de sopa) de açúcar
1/2 colher (de sopa) de amido de milho
200 g de chocolate meio amargo (sem leite)
100 g de castanha-do-pará
2 colheres (de sopa) de cacau em pó

Modo de preparo

Em uma panela, aqueça o leite de soja e o suco de cupuaçu com o amido e o açúcar, até ficar cremoso.

Derreta o chocolate no micro-ondas, mexendo sempre para não queimar.

Alterne camadas de chocolate, creme de cupuaçu e castanha numa taça e polvilhe com chocolate em pó e castanhas para decorar.

Viajada

Essa mulher geralmente é muito inteligente, aventureira e eclética. Com certeza já provou de tudo, de carne de macaco a sopa de serpente, portanto, para conquista-la já te antecipo que você vai ter trabalho.

Esqueça o sushi e a dieta mediterrânea, porque com certeza ela já comeu peixe cru no Japão e muçarela de búfala na Itália.

A mulher que passeia pelo mundo nas horas vagas, que são muitas, geralmente é uma pessoa curiosa. E esse é o truque para impressioná-la: fazer com que ela não tenha ideia do que está comendo.

Deixe tudo pronto e coloque uma placa de "Proibida a entrada" na porta da cozinha, porque a mulher viajada gosta de xeretar tudo. Se você bobear, ela domina o ambiente e vocês vão acabar jantando na cozinha.

Uma boa dica para pegar uma mulher viajada de surpresa é inovar com o som ambiente. Nada de rock inglês ou MPB. Descarregue uns MP3s de música turca ou trilhas sonoras dos filmes do Fellini. Ela vai amar!

No cardápio, já que ela vive no exterior, uma receita bem brasileira tem grandes chances de surpreender. Que tal uma receita que a sua faxineira contou que a sogra dela faz lá em Passa e Fica, no Rio Grande do Norte?

Ou um mexidinho de qualquer coisa que você comeu lá em São José do Bang Bang, quando ficou perdido naquele *rally*?

Só não vale servir calango, pelamordedeus!

Menu para a viajada

Salada de maxixe
Exótico e pouco usado, o maxixe é nota 10

Escondidinho viajado
Escondidinho de jacaré e queijo edam
ao curry vermelho tailandês

Pudim de tapioca
Mais fácil, só comprando pronto

Harmonização
Pinotage

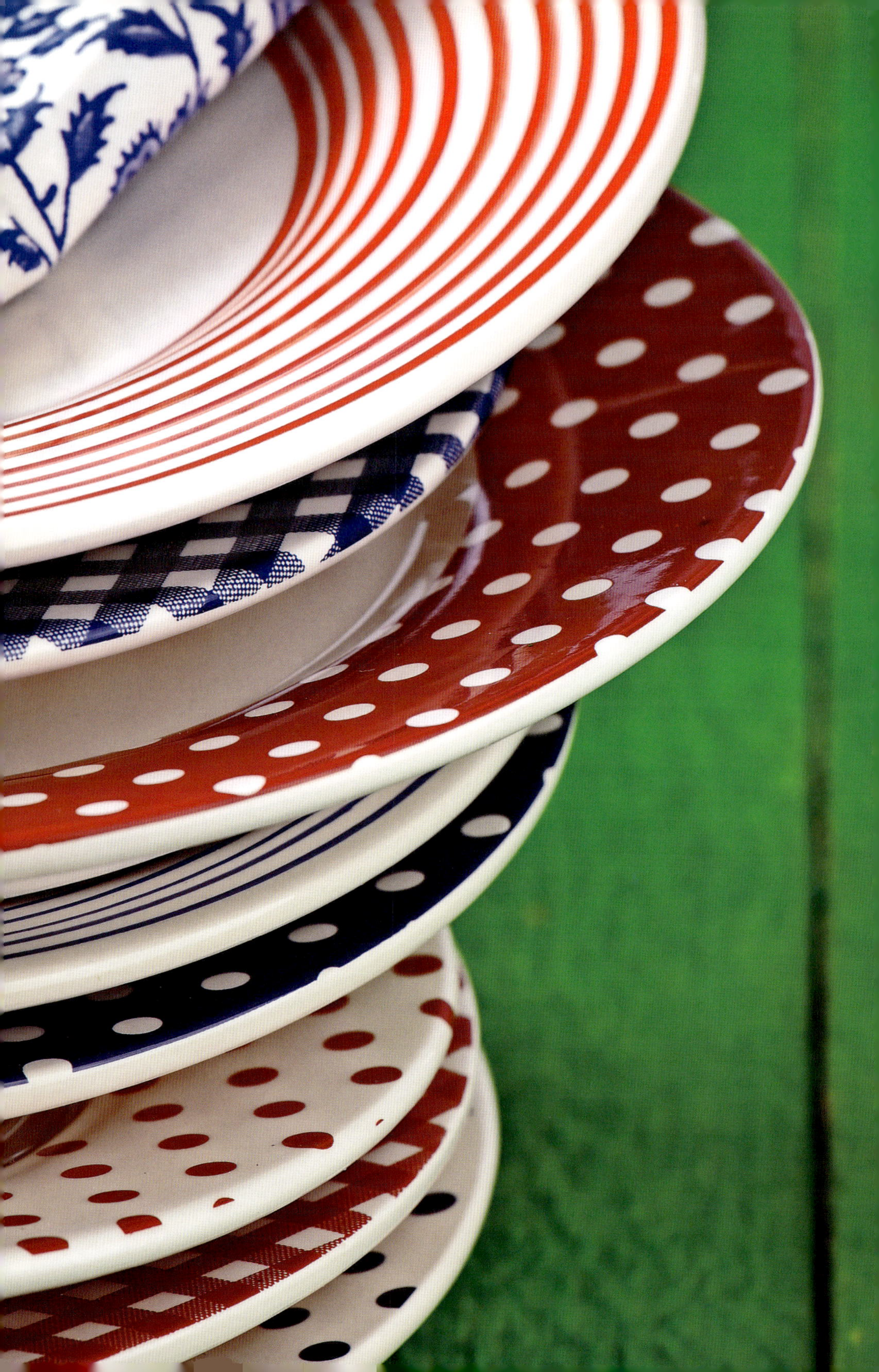

Salada de maxixe

Ingredientes

150 g de maxixe
50 g de queijo de minas frescal
1 colher (de sopa) de cebolinha picada
1 colher (de sopa) de castanha de caju
1 colher (de sopa) de azeite extravirgem
1 colher (de chá) de pimenta rosa
Coentro fresco para decoração
Sal e pimenta-do-reino
Água quente e gelo

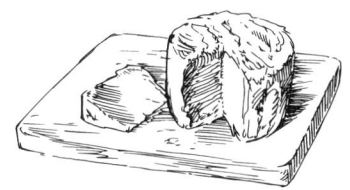

Modo de preparo

Lave o maxixe e raspe os espinhos. Cozinhe rapidamente em água quente com uma pitada de sal.

Retire da água quando começarem a mudar de cor e coloque-os no gelo para dar um choque.

Corte o queijo em cubos e o maxixe no comprimento.

Tempere com sal, azeite e pimenta-do-reino.

Finalize com a castanha de caju, a pimenta rosa e o coentro.

Escondidinho viajado

Ingredientes

100 g de macaxeira (aipim, mandioca... Não encha o saco, você sabe o que é, hehe)

50 ml de creme de leite

400 g de carne de jacaré (lombo, rabo, coxa ou sobrecoxa – caso queira, pode usar frango, seu frouxo!)

2 colheres (de sopa) de manteiga de garrafa

1 colher (de chá) de curry vermelho

100 g de queijo edam

100 g de requeijão

1 pimenta-dedo-de-moça picada (sem sementes)

2 colheres (de sopa) de milho-verde

4 quiabos

2 tomates maduros picados

1 limão

1 pimentão amarelo picado

1 cebola roxa picada

1 colher (de sopa) de extrato de tomate

1 dente de alho picado

1 colher (de sopa) de salsinha picada

1 colher (de sopa) de cebolinha picada

Sal a gosto

Modo de preparo

Esfregue o limão no jacaré e deixe marinar por 5 minutos.

Lave o jacaré em água corrente e coloque os pedaços em uma panela com 200 ml de água, curry vermelho, cebola, alho, pimentão, milho, tomate e manteiga.

Cozinhe em fogo baixo, mexendo sempre para não grudar no fundo da panela.

Deixe cozinhar por 30 minutos, ou até que o jacaré fique bem cozido.

Adicione um pouco mais de água, se necessário.

Desfie o jacaré e reduza o molho pela metade. Reserve.

Cozinhe a macaxeira em água com um pouco de sal.

Passe pelo espremedor de batatas (ou processador) e misture com o creme de leite em fogo médio.

Em um refratário médio, coloque uma camada pequena do purê de macaxeira.

Ponha o ragu de jacaré desfiado por cima e os queijos; vá alternando até completar o refratário.

Finalize com queijo edam e leve ao forno para gratinar.

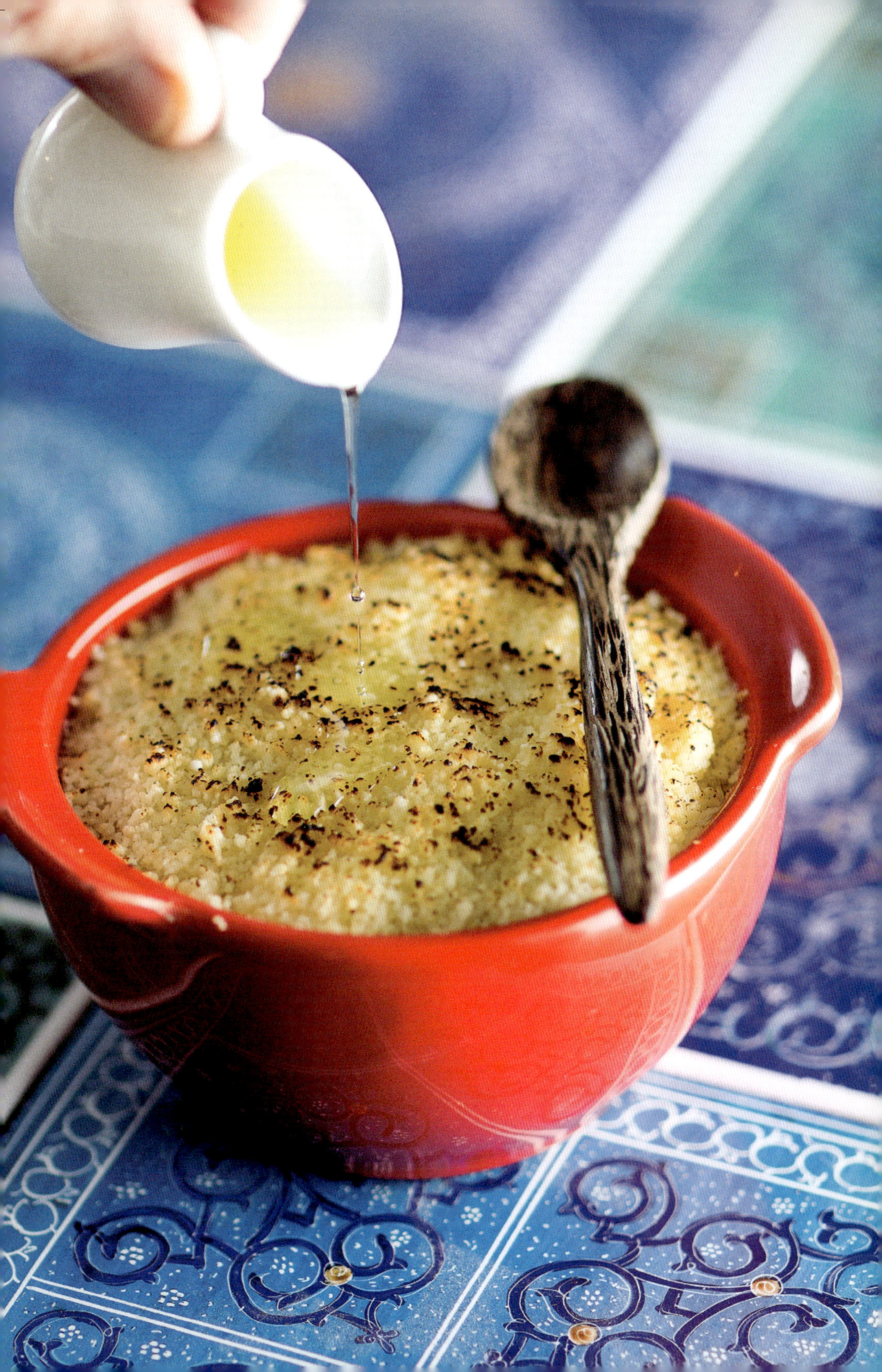

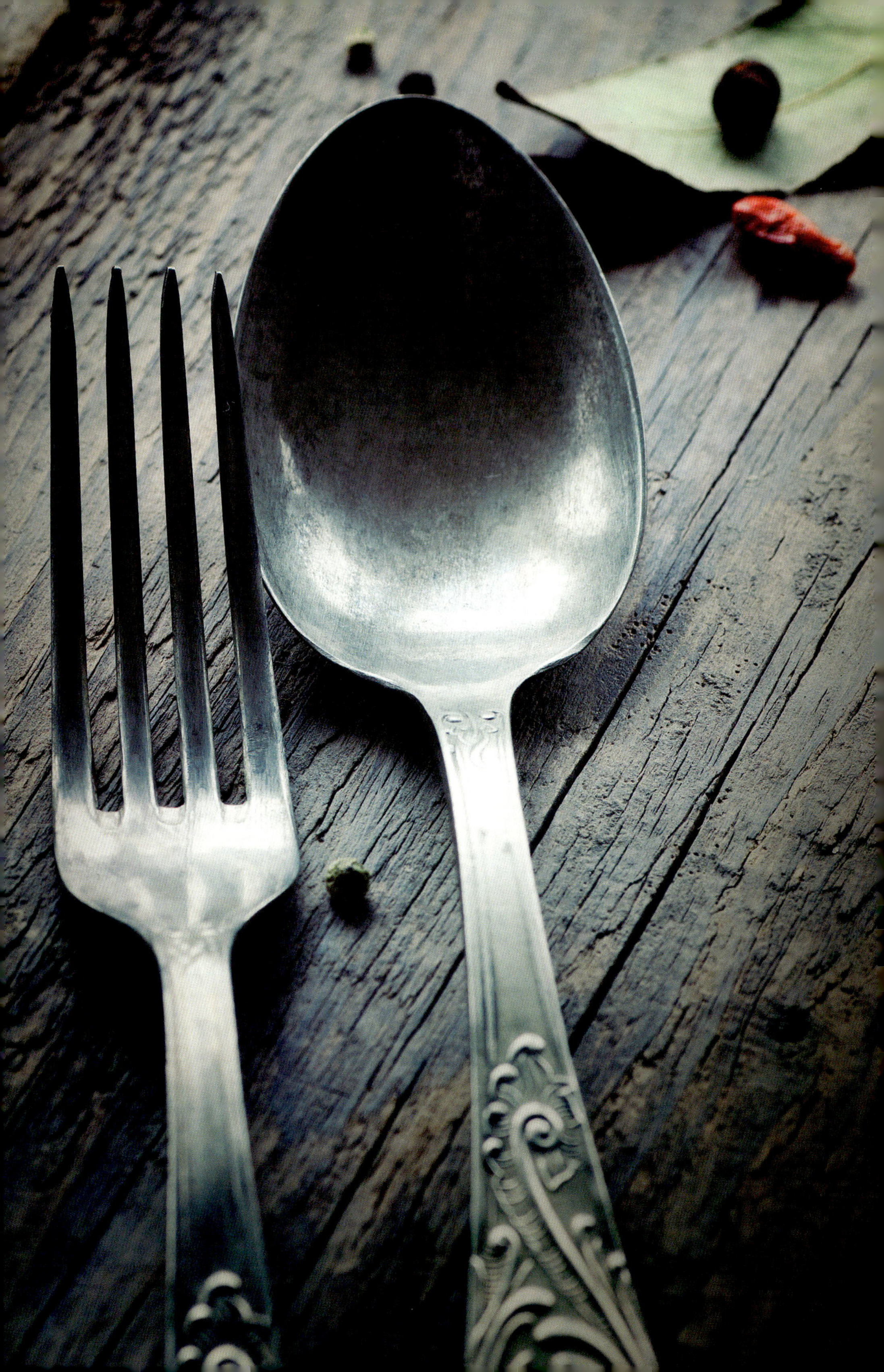

Pudim de tapioca

Ingredientes

1 litro de leite
500 g de farinha de tapioca
200 ml de leite de coco
200 g de coco ralado
1 fava de baunilha (ou xarope de baunilha ou umburana)
10 colheres (de sopa) de açúcar
1 copo de água quente
1 colher (de chá) de manteiga

Modo de preparo

Em um refratário, coloque a tapioca e metade do coco ralado.

Em uma panela, ferva o leite e o leite de coco junto com as sementes da baunilha.

Misture os leites aromatizados com a tapioca, tampe para abafar e deixe esfriar.

Adicione por cima o restante do coco ralado. Reserve.

Derreta o açúcar numa panela de fundo grosso, fazendo movimentos circulares.

Junte aos poucos a água e a manteiga, cozinhe um pouco mais e derrame por cima do pudim.

Virgem

Ai, meu São Lourenço, padroeiro dos cozinheiros, iluminai o homem que quer pegar uma virgem.

Essa tarefa é dura, porque você tem de levar em consideração que para ela vai ser inesquecível e para você vai ser complicado.

Uma mulher virgem requer muita calma. Para isso é bom que o jantar demore bastante, para que ela tenha tempo de parar de tremer, de se recuperar depois de engasgar com a água, de arrumar o cabelo dez vezes no espelho da sala.

Para chegar nos finalmentes, você tem que tratar muito bem essa donzela. Como diria Jack, você vai ter que ir por partes.

Decore a casa para ela ver que você gastou seu tempo pensando nessa hora. Deixe o sofá mais aconchegante, porque na hora que rolar vai ser onde vocês estiverem. Senão ela muda de ideia!

Almofadas fofas, mantinhas, velas, flores e preservativos: tudo deve estar no lugar certo.

À mesa, não toque no assunto. Fale do que vocês estão comendo. Conte como preparou, da dificuldade em achar certo ingrediente, do que deu errado... Mostre a ela que você teve trabalho, muito trabalho para organizar o jantar.

Meu amigo, sinto muito, mas aqui funciona a lei da compensação e da conquista, afinal, uma mulher virgem sabe muito bem o que quer, é muito segura de si, está superacostumada a dizer não, e o principal: vai se lembrar de você para o resto da vida!

Vamos começar acariciando o estômago para depois alcançar outros pontos.

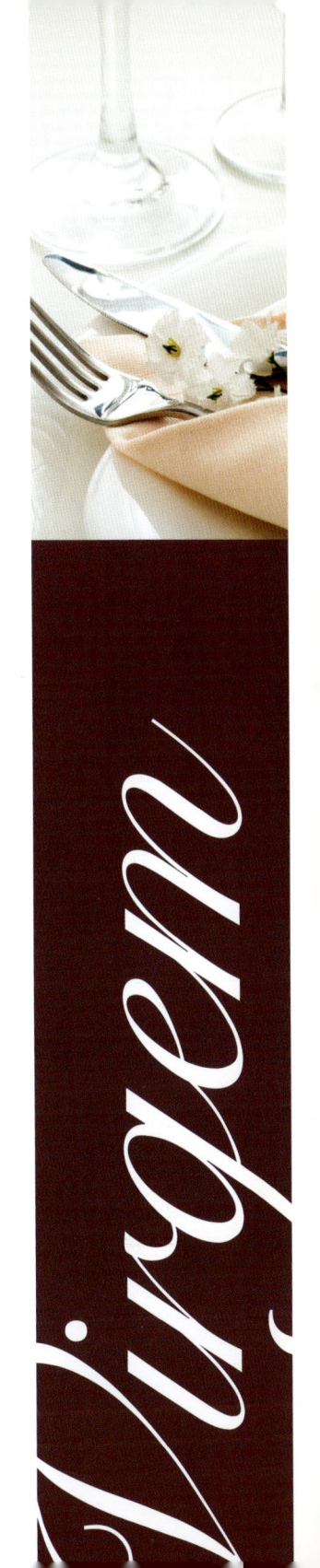

Menu para a virgem

Meu ceviche de linguado
Refrescante e muito gostosa, essa entrada dá show

Talharim ao molho de lagostim
Uma massa bem-feita é uma refeição inesquecível

Musse de maracujá simples
Pra relaxar antes de dar uns beijos na boca

Harmonização
Champanhe rosé brut

Meu ceviche de linguado

Ingredientes

200 g de linguado cortado em fatias finas
1 latinha de milho-verde
1/2 cebola cortada bem fina
1 colher (de sopa) de castanha de caju
1 colher (de chá) de pimenta-dedo-de-moça (sem sementes, bem picadinha)

2 colheres (de sopa) de coentro fresco
2 limões
1 tangerina
Azeite de oliva extravirgem (epa!)
Sal e pimenta-do-reino

Modo de preparo

Coloque em uma tigela o peixe, o sal e o suco dos limões e da tangerina.

Em outra cumbuca, junte a cebola a meio litro de água gelada (isso serve para tirar um pouco do excesso de gosto de cebola e o bafo, hehe).

Deixe ambas as tigelas na geladeira, marinando, durante 10 minutos.

Retire da geladeira metade do líquido que se formou no peixe.

Escorra bem a cebola e junte ao peixe.

Adicione também o milho, a pimenta, o coentro e a castanha de caju.

Acerte o sal e a pimenta-do-reino, regue com um fio de azeite de oliva e sirva.

Talharim ao molho de lagostim

Ingredientes

150 g de talharim
250 g de lagostim
1 copo de creme de leite
1 colher (de chá) de alho picado
1 colher (de sopa) de estragão
2 copos de vinho branco
2 copos de água
1 colher (de sopa) de manteiga
1 fio de azeite de oliva
1 pitada de noz-moscada
Sal e pimenta-do-reino a gosto

Modo de preparo

Cozinhe a massa seguindo o tempo de cocção da embalagem, em muita água e sal (a água tem de ter gosto de água do mar).

Enquanto isso, retire as cascas dos lagostins (use uma tesoura, ajuda bastante) e tempere com sal e pimenta-do-reino.

Aqueça uma panela com um fio de azeite de oliva, junte o alho e as cascas e cabeças dos lagostins.

Esmague bem para retirar o suco da cabeça do lagostim.

Quando o alho começar a dourar, junte o vinho branco e a água e baixe o fogo para que pegue bem o gosto.

Coe esse caldo em outra panela e junte o creme de leite, a manteiga e o estragão.

Baixe o fogo e deixe esse molho cozinhar para que se reduza à metade e junte os lagostins, deixando cozinhar por 5 minutos.

Misture o molho à massa escorrida (se necessário, coloque um pouco da água do cozimento da massa para que fique mais molhadinho).

Sirva decorado com estragão fresco.

Musse de maracujá simples

Ingredientes

Musse
2 latas de leite condensado
2 latas de creme de leite
1 pacote de gelatina sem sabor (12 g)
500 g de maracujá

Calda
1 maracujá grande
1 xícara de açúcar

Modo de preparo

Musse

Bata o maracujá no liquidificador, peneire e reserve a polpa.

Coloque a polpa junto com o creme de leite e o leite condensado no liquidificador e bata novamente.

Misture a gelatina a 5 colheres (de sopa) de água para hidratar e leve ao micro-ondas para aquecer rapidamente.

Misture bem a gelatina ao creme e leve à geladeira até endurecer.

Calda

Retire a polpa do maracujá e leve a uma panela junto com o açúcar e 1 colher (de sopa) de água.

Cozinhe até formar uma calda espessa.

Espalhe sobre a musse e leve novamente à geladeira.

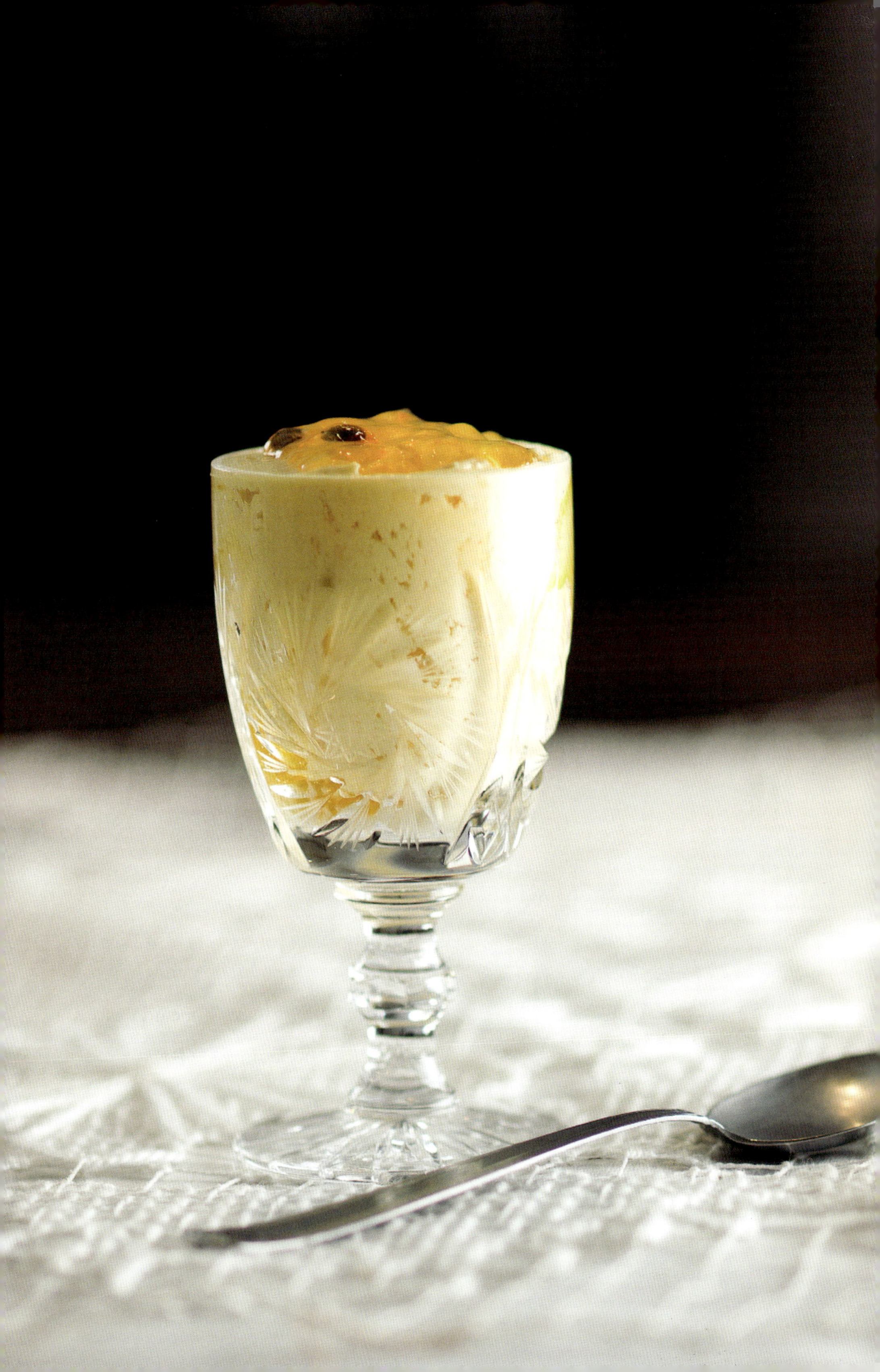

facebook.com/MatrixEditora